O respeito ou o olhar atento
Uma ética para a era da ciência e da tecnologia

Josep M. Esquirol

O respeito ou o olhar atento
Uma ética para a era da ciência e da tecnologia

Tradução
Cristina Antunes

autêntica

"El Respeto o la mirada atenta - Una ética para la era de la ciencia y de la tecnología"
de Josep Maria Esquirol.
2006, Copyright © Editorial Gedisa S.A.

PROJETO GRÁFICO DA CAPA
Diogo Droschi

TRADUÇÃO
Cristina Antunes

EDITORAÇÃO ELETRÔNICA
Conrado Esteves

REVISÃO
Dila Bragança de Mendonça

EDITORA RESPONSÁVEL
Rejane Dias

Todos os direitos reservados pela Autêntica Editora. Nenhuma parte desta publicação poderá ser reproduzida, seja por meios mecânicos, eletrônicos, seja via cópia xerográfica sem a autorização prévia da editora.

AUTÊNTICA EDITORA
BELO HORIZONTE
Rua Aimorés, 981, 8º andar . Funcionários
30140-071 . Belo Horizonte . MG
Tel: (55 31) 3222 68 19
TELEVENDAS: 0800 283 13 22
www.autenticaeditora.com.br
e-mail: autentica@autenticaeditora.com.br

Dados Internacionais de Catalogação na Publicação (CIP)
(Câmara Brasileira do Livro, SP, Brasil)

Esquirol, Josep M.
 O respeito ou o olhar atento: uma ética para a era da ciência e da tecnologia / Josep M. Esquirol ; tradução Cristina Antunes. – Belo Horizonte : Autêntica Editora, 2008.

 Título original: El respeto o la mirada atenta.
 Bibliografia.
 ISBN 978-85-7526-322-8

 1. Ciência - Aspectos morais e éticos 2. Respeito 3. Respeito - Aspectos morais e éticos 4. Tecnologia - Aspectos morais e éticos 5. Tolerância I. Título. II. Título: O respeito ou o olhar atento : uma ética para a era da ciência e da tecnologia.

08-03736   CDD- 179.9

Índices para catálogo sistemático:
1. Respeito : Ética : Filosofia 179.9

Sumário

INTRODUÇÃO: O SENTIDO DA ÉTICA DO RESPEITO.................. 7
   Perguntas.. 7
   A partir de expressões cotidianas.. 9
   Olhar atento, olhar ético... 11
   Não há sociedade sem respeito.. 15
   A oportunidade da ética do respeito.. 18

CARACTERÍSTICAS DA ÓTICA TÉCNICO-CIENTÍFICA................. 23
   Um poder inédito.. 24
   Um sistema.. 29
   Uma revelação... 36
   Uma linguagem.. 41

ANÁLISE DO RESPEITO E DO OLHAR ATENTO......................... 47
   O movimento do respeito.. 48
   O olhar atento: essência do respeito.. 53
      O olhar do olhar atento.. 54
      O ato de prestar atenção e sua espiral................................. 59

MORALIDADE DA ATENÇÃO E DO RESPEITO........................... 79
   Predomínio da atenção sobre a escolha....................................... 80
   A saída do egoísmo.. 84
   O respeito como sentimento (em diálogo com Kant).......................... 86
   Atenção e respeito: recapitulando.. 92

O DIGNO DE RESPEITO OU O QUE PERCEBE O OLHAR ATENTO...... 99
   Fragilidade.. 101
   Cosmicidade.. 106
   Segredo... 116

FINALMENTE.. 123
   A humildade e o olhar (ou a dimensão cognitiva da humildade)............ 123
   A vida do respeito... 132

Introdução
O sentido da ética do respeito

> *Não se trata da arte de dar [à alma] o poder de ver, porque ela já o possui, mas de buscar orientar o que não está voltado para a direção que deveria, nem olha para onde é preciso.*
>
> Platão, *A República*, VII, 518d.

Perguntas

São basicamente três as questões que enfoco neste livro: o que é o *respeito*, o que merece respeito e por que a *ética do respeito* pode ser uma boa proposta para uma época como a nossa, muito especialmente determinada pela ciência e pela tecnologia?

Há palavras que explicam e palavras que necessitam de explicação. Também há palavras que, ao mesmo tempo, explicam e necessitam de explicação; "respeito" é uma delas. Em princípio, a experiência de respeito a algo, ou por alguém, não é nada estranha ou problemática, e sim faz parte do mais normal, sem vincos nem mistérios. No entanto, pode ser muito proveitoso refletir sobre o sentido do respeito. Trata-se de uma atitude moral muito importante – das mais – e, apesar disso, tem sido muito pouco estudada em comparação, por exemplo, com as inúmeras páginas dedicadas ao amor ou à justiça. Como acontece com outros grandes temas, a mesma riqueza de seu significado dificulta um pouco a tarefa de definir seu conceito-chave; como se fosse uma extensa e variada paisagem, é preciso encontrar o que de mais essencial existe nele. O que aqui se defenderá é que o essencial do respeito é dado pelo *olhar*.

A segunda das perguntas acima enunciadas reproduz, de fato, uma maneira habitual de falar do respeito: acredita-se e se diz que há pessoas e coisas que devem ser respeitadas, que *merecem respeito*. Mediante essa expressão, advertimos que o respeito é uma atitude ética que nos vincula diretamente com as coisas, com o mundo. Não é que pretenda com isso ressuscitar velhos e mais ou menos ingênuos realismos; depois de algumas lições da filosofia moderna, já não é possível ignorar a centralidade da pessoa enquanto sujeito cognoscitivo e, contudo, isso não impede – como também se tem tentado abordar em alguns enfoques contemporâneos – que se ensaie uma filosofia que gire em torno da pregnante relação entre o eu e o mundo. Em uma filosofia desse tipo, o respeito poderia ser um tema privilegiado, já que nele se encontram vinculados, de forma radical, o eu e o mundo, atitude respeitosa (do sujeito) e alguém ou algo como termos intencionais da dita atitude. A reflexão sobre o que merece respeito haverá de nos conduzir às idéias de *harmonia, fragilidade* e *segredo*, e veremos como, a partir delas, é possível entender por que há coisas no mundo dignas de serem respeitadas.

Com a terceira pergunta quis deixar claro, se não uma urgência, pelo menos uma oportunidade, quer dizer, literalmente, um *bom momento*, ou um momento conveniente, para promover uma ética baseada no respeito. Ninguém discute que vivemos na era da ciência e da tecnologia; em um tempo no qual ciência e tecnologia não são apenas motores da sociedade, senão também formas de ver e de entender o mundo e a vida. De fato, inclusive em escala planetária, a *cosmovisão técnico-científica* está sendo cada vez mais hegemônica. Pois bem, o que pretendo não é que o respeito tenha um papel mais relevante *dentro* dessa cosmovisão; meu objetivo é diferente, e consiste em mostrar que *o respeito é o eixo de uma cosmovisão diferente da técnico-científica*. Cosmovisão – a do respeito – que, ao ser assumida juntamente com a que já é hegemônica, nos tornaria menos unidimensionais e mais equilibrados, em um momento em que tanto a superficialidade como o desequilíbrio são sintomas inequívocos de nossa sociedade.

A partir de expressões cotidianas

Muitas vezes a filosofia encontra no estilo da linguagem familiar e coloquial não só um ponto de partida para a reflexão, mas também alusões aos conteúdos mais essenciais. A palavra "respeito" faz parte de nosso falar cotidiano, todo mundo a usa, sabe o que significa e entende que o respeito às pessoas e a determinadas coisas é um bom exemplo de conduta moral. Também é um dos termos mais utilizados nos discursos de caráter moral e político e nas teorias éticas de todos os tempos. Aparece por toda parte: "o respeito à dignidade humana", "o respeito às coisas públicas", "o respeito ao meio ambiente", "o respeito aos antepassados", "o respeito a si mesmo", "o respeito à justiça e à liberdade", "o respeito à lei", "o respeito às obras de arte", "o respeito aos animais e à natureza", "o respeito ao sagrado"...

O respeito é uma relação intencional, uma atitude em direção a alguém ou a algo, atitude que lingüisticamente se reflete na expressão *"respeitar a..."*; porém, dado que podemos pensar em um motivo ou em uma razão do respeito, utiliza-se também a expressão *"respeito por..."*: desse modo, em com "respeito por sua velhice", entende-se que a velhice é a principal razão de um tipo de respeito para com essa pessoa. Também nos deparamos com a expressão *"respeito de..."* quando nos referimos ao sujeito do respeito, ao "quem" dessa atitude; assim, por exemplo: "o respeito dos alunos a seu professor" ou "ganhar-se o respeito de todos".

É possível se referir ao respeito como um tipo de atitude, "uma atitude respeitosa", ou como uma virtude, a do homem que é respeitoso. As ações também podem ser qualificadas de respeitosas e, entre elas, destaca-se o uso da linguagem, veículo privilegiado da ação; com efeito, pode-se apresentar uma "linguagem respeitosa", à diferença de quando se fala de maneira vulgar, inconveniente, grosseira, ou, o que talvez seja pior, quando se fala sarcasticamente e se profere insultos e ofensas. Falar respeitosamente de alguém significa ter cuidado com as palavras que se usa com relação a ele ou ela, evitando termos demasiado diretos e escolhendo, de preferência, os que se referem ou alcançam essa pessoa de forma suave e medida; palavras que, definitivamente, são capazes de guardar sempre uma distância, a "distância respeitosa".

Prestemos atenção, porém, em que, existindo todas essas formas de empregar a palavra, não fica evidente como se deve definir o respeito. Na linguagem das atitudes (na linguagem moral), os limites dos significados são muito pouco nítidos e muitas vezes pode-se esticá-los, solapá-los e entrecruzá-los com outros significados, como se se tratasse de material flexível. Por exemplo, na conhecida frase de Marx: "O trabalhador tem mais necessidade de respeito que de pão", vemos que a palavra *respeito* significa algo muito semelhante a reconhecimento (inclusive no sentido filosófico que Hegel havia dado a esse termo); o trabalhador, em lugar de ser considerado como mera força de trabalho inserida em um processo de produção industrial, quer ser reconhecido como sujeito. E, no entanto, parece-me que o respeito é algo mais que o reconhecimento: se bem que o respeito pressupõe o reconhecimento, não necessariamente o reconhecimento pressupõe o respeito. De modo que talvez tivesse sido preferível dizer: "O trabalhador tem mais necessidade de reconhecimento que de pão".

Para encontrar o núcleo do conceito de respeito convém repararmos naquelas situações que equivalem à *atenção*: tratar alguém ou algo com respeito significa, por enquanto, tratá-lo com atenção. Em qualquer dicionário, encontraremos que o significado da palavra respeito se aproxima, ou vem a ser equivalente, aos significados de consideração, deferência, desvelo, atenção... Por exemplo, esta palavra castelhana, *miramiento*, pode funcionar perfeitamente como sinônimo de respeito: tratar alguém com *miramiento* é ter, para com ele, uma atenção, um respeito. Em alemão, a palavra *Achtung* significa tanto *respeito* como *atenção*. Pois bem, aqui se situa, a meu ver, o autêntico núcleo do tema: na atenção. Mais precisamente: o que se defende neste livro é que *a essência do respeito é o olhar atento*. Naturalmente, seguiremos analisando que o olhar atento seja *condição* de possibilidade do respeito propriamente dito, e, definitivamente, por que *a essência do respeito é o olhar atento*. Com certeza, no decorrer dessa indagação, não nos faltarão alguns paradoxos: ainda que o respeito surja do olhar atento, há "respeitos" superficiais que se desvanecem justamente ao serem submetidos ao crivo do olhar atento e do exame minucioso. É óbvio que nem tudo que olhamos atentamente acabamos respeitando, mas o que se pode dizer é que algumas coisas que conseguimos olhar atentamente também acabamos respeitando.

Olhar atento, olhar ético

O que é mais difícil? O que parece fácil: poder ver com os olhos o que tens diante deles.

Goethe

O olhar tem algo de estranho, de paradoxal: a total facilidade de olhar contrasta com a dificuldade de olhar bem. Se há luz, só de abrir os olhos as coisas que nos rodeiam nos aparecem, mas, em compensação, é preciso prestar atenção, reparar bem, para perceber conforme que aspectos da realidade e, sobretudo, para perceber as coisas de outra maneira. Ver somente, o mero perceber visual, quase não custa nenhum esforço (daí, por exemplo, o êxito da televisão), enquanto que olhar bem, isso sim, é que custa: dirigir o olhar e concentrar-se em algo já supõe um esforço e acarreta, portanto, um cansaço. Além disso, há a circunstância de que muitos dos contextos em que nos movimentamos nos induzem, em geral, a não nos aplicarmos muito a fundo, e isso, somado à nossa economia de poupança energética pessoal, explica que o olhar atento seja mais incomum do que a princípio se podia pensar.

É preciso destacar essa escassez: o movimento da atenção não é freqüente, mas raro. Na maioria das vezes tendemos a tratar as pessoas e as coisas automaticamente, seguindo normas de conduta assumidas, geralmente, de forma acrítica. Mas, com esse modo de proceder, as coisas na realidade não se mostram a nós, ou o fazem apenas superficialmente. Ocorre, de fato, que o movimento da atenção não é apenas para resgatar ao outro ou o outro, mas também a si mesmo. Diante da aceitação e repetição de tópicos, diante da eficácia de alguns esquemas ideológicos de que nos servimos para justificar nossas opiniões – assim como as ações ou as inações que as seguem –, a atenção se converte em uma tarefa do que *deve* começar de novo, do que se sabe sujeito de responsabilidade e convocado a ser ele mesmo (tema tão velho, no mínimo, como a própria filosofia). É tão cômodo deixar-se levar, e existem tantos interesses em que as pessoas se deixam levar, que esse apelo a si mesmo é decisivo. E ninguém se engane pensando que somente as "massas" são manipuladas pelos *slogans* da propaganda e pelos preconceitos ideológicos; também os intelectuais, e os políticos, e os cientistas... repetem os tópicos, só que, às vezes, adornados com uma retórica um pouco mais refinada.

O que é que a atenção acrescenta ao olhar, até o ponto de transformá-lo tão significativamente? Por que o esforço de atenção supõe muito mais que um simples aumento da lente? E eis-nos aqui, enfim, com a pergunta-chave: *Por que a atenção dota o olhar de um significado moral?*

É evidente que o olhar é empregado aqui em um sentido amplo que, se bem inclui a ação dos olhos do rosto, acolhe também, e não precisamente em um segundo plano, o "olhar da mente". Ocasionalmente, é com os olhos fechados que vemos mais claramente: "Nem todos os que vêem abriram os olhos, nem todos os que olham, vêem".[1]

E também o ato de *baixar ou afastar o olhar* pode, às vezes, ser feito por respeito. Os casos assim têm algo de paradoxal, pois neles *quem afasta o olhar é quem melhor vê*. Afasta o olhar, justamente, porque vê ou viu bem uma determinada situação; em compensação, quem aí continua olhando é que não percebe o que deveria perceber e, então, seu olhar se converte em indiscrição, se não em ofensa. E em seguida, nos casos que estamos considerando, está aquele que não afasta o olhar porque, como não soube olhar bem, não notou o que, por respeito, mereceria esse distanciamento. Porque, efetivamente, o ato de afastar o olhar é um distanciamento.

Todavia, entenderemos melhor a oportunidade de baixar o olhar em certas circunstâncias se recordarmos que a visão é o sentido corporal mais direto e mais efetivo: chega rapidamente e sem intervenções. Pode ser também o mais indiscreto dos sentidos e, em vista disso, nos é conveniente desviá-lo em mais de uma ocasião. Por outro lado, isso nos ensina que o olhar atento não é precisamente o olhar insistente e indiscreto, mas sim o contrário: *o olhar atento é o que sabe olhar com discrição*. Olhar atentamente não é cravar o olhar, e sim dirigir o olhar com cuidado, sem pressa e com flexibilidade suficiente, de maneira a poder desviá-lo quando a situação assim o exija.

Enfim, a ação de afastar o olhar, além de nos mostrar que o mais lúcido dos olhares não é o dos olhos, começa ainda a nos ensinar algo muito mais importante: *a dimensão ético-moral do olhar atento*. Olhar atento começa a ser sinônimo de *olhar ético*.

A importância de falar do olhar ético também se manifesta se recordamos que, nas relações interpessoais, a *ignorância* ou a *indiferença* que um pode exibir em relação ao outro já tem significação moral. Ignorar o outro contrasta justamente com levá-lo em conta, atendê-lo ou considerá-lo. Neste sentido, a atenção é o primeiro *movimento* com significação ética. O respeito requer uma atenção, e a atenção, um acercamento, uma aproximação.

"Haver tido uma atenção para com alguém" equivale a havê-lo tratado com respeito. Na prática, pode implicar coisas bastante diferentes, mas com o denominador comum de haver olhado bem, de não ter sido indiferente, de haver reparado nessa pessoa e, por uns momentos, havê-la convertido em destino do nosso olhar.

Quando, ao caminhar pela estrada da vida, deixamos de notar o que fica às margens, isso, o que não é sequer percebido, menos ainda pode ser objeto de respeito. Sem olhar, sem notar, não apenas desconheço, mas até posso pisar. A ignorância é antagônica ao respeito. Daí que, no olhar e na atenção, se mesclem o cognoscitivo e o moral. Dupla dimensão que, por exemplo, encontramos revelada nesta interessante passagem das *Dissertações* de Epiteto:

> Agora, quando digas: 'Amanhã prestarei atenção', saibas que o que dizes é isto: 'Hoje serei desavergonhado, impertinente, malvado; dependerá de outros o entristecer-me; hoje me irritarei, serei invejoso'. Olha quantos males voltas contra ti. Mas se amanhã vai estar bem, melhor ainda hoje! Se amanhã vai ser conveniente, muito mais hoje, para que também amanhã sejas capaz e não posponhas de novo o amanhã ao passado.[2]

Essa passagem me interessa muito especialmente porque nela Epiteto estabelece uma estreitíssima vinculação entre atenção e comportamento moral. Prestar atenção é garantia de boa conduta e de felicidade; deixar de prestá-la é totalmente o contrário. Além disso, Epiteto adverte sobre a dificuldade de prestar atenção quando já se perdeu o costume de fazê-lo. Porque ser atento é um hábito, uma maneira de proceder na vida. Assim, continua escrevendo: "Por que não manténs a atenção constante? 'Hoje quero me divertir'. Que te impede que prestes atenção?". Trata-se de um hábito que não se deve perder e que pode acompanhar algumas de nossas ações cotidianas. Adiá-lo é um mau sintoma; de imediato, não só pelos males que essa guarda baixa pode facilitar, mas porque a falta de prática torna cada vez mais difícil a recuperação.

Se procurássemos antecedentes, caberia dizer que a tese de que "o olhar ético é o olhar atento" já foi defendida por Sócrates,[3] o melhor mestre que a filosofia pode ter. A ética do respeito teria algo, ou muito, de socrático. Mas se distanciaria em um aspecto importante do intelectualismo moral – às vezes algo abstrato e elitista – que se derivou de Sócrates. A ética do respeito não é uma ética intelectualista; como também se destaca nas palavras de Epiteto, a atenção nos coloca em contato direto com as coisas da vida; não é uma ética especulativa, elaborada na torre de marfim ou na academia, que poucos vínculos tem com essas coisas e só *a posteriori* haverá de tornar-se mundana; a ética do respeito e da atenção surge no âmago da própria vida. Dito de outro modo: a atenção a que aqui nos referimos não procede da escola filosófica, mas sim da escola da vida. Chegados a esse ponto, ocorre-me um bom exemplo tirado da cinematografia: o do filme de Akira Kurosawa, *Derzu Uzala,* inspirado nas narrativas de viagens de Vladimir Klavdievic Arseniev. Seu protagonista, Dersu, é um velho caçador cuja vida se encontra muito ligada ao meio que o rodeia; parece que ele e a natureza formaram uma mesma realidade. Dersu é contratado como guia por Arseniev, oficial de uma expedição que vai explorar locais desolados da Sibéria. Ao longo de todo o relato, o que fica evidente é que o olhar de Dersu é muito diferente do dos demais exploradores. E é diferente, sobretudo, nisto: trata-se de um olhar atento. Quando os expedicionários olham ao seu redor, vêem coisas muito diferentes. O olhar de Dersu é mais rico que o de Arseniev: vê mais e mais profundamente. Por isso, Dersu se orienta melhor, conhece melhor a importância das coisas, inclusive as menores, e é mais capaz de sobreviver nessa terra duríssima. Mas há, contudo, algo mais importante para o que tratamos aqui: precisamente porque o olhar de Dersu é mais atento, é mais respeitoso: Dersu *respeita porque vê*; sua lucidez é simultaneamente respeito para com as pessoas, os animais, a natureza. Arseniev aprende com o olhar de Dersu; graças a Dersu, descobre outras dimensões da natureza e da vida.

Assim, pois, a ética do respeito não pode ser nenhuma fuga do mundo dos problemas cotidianos. Em primeiro lugar, porque o olhar atento está a serviço da orientação, e não da orientação meramente teórica, mas sim da orientação na vida, *tout court*. Da mesma forma que no meio do bosque é preciso olhar bem para saber onde estamos e até onde devemos caminhar, o olhar atento é a condição para se orientar na vida. E, em segundo lugar, porque o olhar atento nos conecta estreitamente com o mundo, em nenhuma circunstância é uma evasão dele nem um pretenso olhar especulativo de vigia do pensamento.

Quem presta mais atenção melhor se orienta e mais respeita.

Não há sociedade sem respeito

Não faz parte do centro de gravidade do tema - ao menos do centro de gravidade que se vai definindo nesta proposta – e, contudo, nesta primeira aproximação ao respeito, convém fazer uma breve referência à importância que tradicionalmente e ainda hoje se lhe dá, enquanto esteio de nossa existência coletiva.

Todos concordam facilmente em que a sociedade humana é impossível sem respeito algum. Certamente nenhum de nós estaria aqui agora se, em geral, os filhos não tivessem tido nenhum respeito a seus pais; se as leis e os costumes só houvessem sido objeto de trapaça e menosprezo, se não se respeitassem os lugares e as instituições públicas... e, em suma, se ninguém respeitasse nada e ninguém.

É certo que o que foi e é objeto de respeito tem mudado ao longo do tempo e difere também de uma cultura para outra. Há coisas que felizmente deixaram de ser objeto de respeito, como, por exemplo, certas práticas sacrificatórias violentas vinculadas a determinadas crenças religiosas, ou também toda uma ampla série de direitos e privilégios ligados a uma concepção hierárquica da sociedade que, segundo a categoria social, fazia respeitáveis a uns poucos e relegava a maioria ao mais baixo e insignificante. Para evitar que aconteçam esses e outros muitos abusos, é preciso refletir a fundo sobre o que "merece" respeito, pois, por infelicidade, é demasiado freqüente que o que deve ser respeitado não o seja, e que o que é efetivamente respeitado não deveria sê-lo.

Sem entrar, porém, nesse exame do que mereça ou não mereça respeito, sem necessidade de partilhar nenhum conservadorismo especial nem nostalgia de tempos passados, o que as pessoas consideram um mau sintoma social é a falta de respeito; como se, em nosso íntimo, não deixasse de ressoar a certeza de que sem respeito não haveria sociedade humana. Essa crença está tão enraizada que chegou até nós veiculada nos mitos. Aqui, cabe bem uma versão do mito de Prometeu, pois não só torna público o caráter fundacional do respeito, como, de certo modo, situa-o no mesmo nível de importância que se costuma reconhecer à capacidade técnica. E, por enquanto, é evidente que a cidade dos homens não subsistiria sem a técnica, da qual a própria cidade é expressão privilegiada – mais adiante apresentarei essa dimensão técnica da condição humana sob o conceito de *cosmopoiesis*. O grau de sofisticação técnica a que chegamos hoje é tal que não só se torna difícil imaginarmos nossa vida sem alguns elementos técnicos fundamentais (a casa, o fogo, a roda e seus derivados, o velho arado e os que o sucederam...), como nem sequer concebemos nos desenvolvermos sem melhorias muito mais recentes, como a luz elétrica, os eletrodomésticos, os carros, os computadores... Pois bem – como dizia – a versão do mito de Prometeu que encontramos no *Protágoras*, de Platão,[4] resulta muito significativa e muito oportuna para o que estamos tratando. Ali, o sofista Protágoras conta, a seu modo, esse mito, que resumo brevemente: houve uma vez um tempo em que só existiam os deuses, mas chegado o momento de que todas as espécies animais e o homem viessem à luz, Epimeteu foi o encarregado de distribuir, entre elas, os diferentes talentos e capacidades. Mas o fez de tal maneira que, quando chegou à raça humana, havia gastado todos os dotes e não sabia o que fazer. Então, Prometeu, vendo o homem nu e descalço, roubou dos deuses a capacidade técnica e o fogo para dá-los ao homem. O resultado foi bastante notável: os homens inventaram a linguagem, construíram casas e vestuários, cultivaram o campo... Mas o tempo passava e, contudo, viviam dispersos, o que os expunha a muitos perigos da natureza. Quando tentavam viver juntos com a criação de cidades, rapidamente discutiam entre si e se atacavam uns aos outros, tanto que novamente se dispersavam e morriam. Então, Zeus, ao se aperceber disso, decidiu intervir para dotar o homem de algo de que ainda precisava – justiça e respeito: "Zeus, então, temeu que toda nossa raça sucumbisse, e enviou Hermes, encarregando-o de dar aos homens o respeito e a justiça (*aidos* e *dike*), para que houvesse ordem nas cidades e vínculos de amizade entre seus habitantes".

O respeito, junto com a justiça, é visto aí como elemento indispensável para a criação das cidades (quer dizer, da sociedade humana); tem, pois, caráter fundacional e está vinculado à ordem que torna possível a existência da cidade dos homens. Em muitas culturas antigas, a cidade se concebia precisamente como um pequeno mundo, um *cosmion*, que, por sua vez, tinha certa relação com outra ordem, de caráter transcendente (a ordem do divino). Pensava-se que os homens faziam parte de uma ordem humana que, por sua vez, participava de uma ordem transcendente. Aqui entra em jogo o tema do sagrado. Não deixemos de levar em conta que a relação entre o respeito e o sagrado é das mais originárias: o respeito máximo era exatamente o respeito que se devia ao sagrado. Relação essa, originária, que explicaria bastante bem a dificuldade de manter hoje o sentido do respeito em uma sociedade como a atual do Ocidente, que quase já perdeu totalmente o sentido do sagrado já que, efetivamente, na cosmovisão técnico-científica não parece haver lugar para o sagrado. Para falar a verdade, esse fenômeno não é nenhum motivo de otimismo, e sim, como já havia ocorrido a Zeus, de preocupação.

Em muitas culturas, o vínculo com o sagrado se realizava na forma de respeito ao "fundante", vinha a ser um "inclinar-se" diante do que precedia como fonte de vida; esse sempre é, em grande parte, o significado do respeito aos deuses, aos antepassados e aos textos fundacionais (quando os há): a relação respeitosa com o fundacional é o que assegura a perduração e a subsistência do mundo humano. Essa crença, tão antiga como sensata, poderia continuar nos interpelando hoje em dia, ainda que talvez – isso sim – com uma formulação mais genérica e suscetível de concreções ulteriores: *a ordem – as coisas – que respeitamos e servimos é, ao mesmo tempo, a ordem que nos serve e permite nossa vida.*

Não vamos utilizar aqui o conceito do sagrado, nem como ponto de partida, nem como eixo de nossa exposição, sobretudo para evitar interpretações errôneas e tendenciosas. A insistência em que o essencial do respeito é o olhar atento há de ser suficiente para se chegar, por outro caminho, a recuperar, ao menos em parte, a significação que o sagrado teve em outras épocas; acrescida da vantagem de que o olhar atento não só pode levar à questão do sagrado, mas também – e com inteira naturalidade – a temas análogos indicados por termos como: pudor, moderação, vergonha, escrúpulo, indulgência, consideração, etc.

Enfim, por enquanto, permanecemos com a idéia de que o respeito, como pretendido pelos deuses, ocupa um lugar importante na atitude moral do ser humano; a mesma importância que, em outras explicações religiosas e filosóficas, se dava ao amor, à piedade ou ao egoísmo.

A oportunidade da ética do respeito

O fato de recorrermos à *oportunidade temporal da ética do respeito*, quer dizer, a sua conveniência para o mundo de hoje, não significa senão que essa atitude – que desde sempre tem acompanhado em maior ou menor grau a existência humana – pode ser de grande valor para fazer frente a problemas específicos do contexto contemporâneo e, de modo mais geral, pode ajudar a nos orientar melhor, ou seja, a termos uma visão mais rica e mais profunda do mundo em que vivemos... desvelando-nos.

Assim, com maior presença da atitude respeitosa, caberia esperar, por exemplo, que se obstassem dois traços infelizmente muito propagados em nossa sociedade: a *indiferença* e a avidez de *posse* e de *consumo*. A nossa é uma época de enaltecimento da facilidade: ser indiferente não custa nada; para ser indiferente basta não fazer nada. E exceto o dinheiro, o consumo tampouco custa: todo o potente sistema econômico atual parece uma imensa conspiração tramada para nos submergir em um consumo fácil e desmedido. O *movimento* do respeito contrasta com essas tendências predominantes: enquanto a indiferença é a *distância total*, e a posse e o consumo pressupõem a *supressão de toda distância*, o respeito coincide precisamente com a *proximidade* (com esse acercamento que mantém, ao mesmo tempo, certa distância). Não se trata de movimentos excludentes: também a posse e a distância têm e devem ter seu papel na vida humana. O preocupante é o excesso de um tipo de movimento e a carência de outro: a sociedade contemporânea se caracteriza muito mais pela indiferença e pelo consumo, que pelo respeito.

Mas o motivo pelo qual, já no subtítulo do livro, relacionávamos a ética do respeito com a ciência e a tecnologia é porque nosso tempo é o da técnica, o da aplicação do poder técnico-científico, tanto na configuração social como na transformação de nosso *habitat* e na reconstrução de nós mesmos. A engenharia genética, as novas fontes de energia, a revolução dos meios de comunicação e da virtualidade informática, assim como os problemas e os perigos associados à própria engenharia genética, à deterioração do meio ambiente, ao exercício do "cibermundo"... ocupam conversas, informações e artigos da imprensa, redações nas escolas e controvérsias entre os expertos. Sinal dos tempos, a técnica configura não só a vida, mas também a *visão* da vida. A ética do respeito pretende estabelecer um diálogo com essa visão da vida.

Como conseqüência do desenvolvimento técnico-científico e de suas aplicações, durante as últimas décadas têm aparecido éticas setoriais, como a bioética, a ética ecológica, a ética da informática etc. A ética do respeito ou do olhar atento não é mais uma ética desse tipo, nem corresponde nem delimita um novo campo, mas antes é uma proposta que deveria preceder a todas elas e que, no melhor dos casos, poderá ser desenvolvida em seguida por cada ética setorial na sua área específica. O que melhor refletiria sua consistência e suas possibilidades seria que se acabasse utilizando o respeito nessas éticas setoriais – conforme acontece muitas vezes – não como um conceito operativo e funcional, mas em toda a sua densidade, como parte central da explicação.

Por outro lado, com uma teoria do respeito adequada serão mais factíveis tanto a correção de argumentos impróprios ou equivocados (e, portanto, débeis e ineficazes) como a promoção de enfoques certeiros baseados no respeito. Um exemplo da primeira situação: abundam os chamamentos para respeitar a natureza feitos em benefício da saúde e do bem-estar do homem de hoje e das futuras gerações; mas essa é uma maneira imprópria de falar, visto que o respeito nada tem a ver com um cálculo de custos e benefícios.[5] Um exemplo da segunda: no preâmbulo da Declaração Universal dos Direitos Humanos, de 1948, aparece duas vezes a palavra respeito: fica claro que *a principal finalidade da declaração* é desenvolver o *respeito* dos direitos e das liberdades. Nesse caso, o esclarecimento e o aprofundamento no sentido do respeito pode ser uma contribuição efetiva ao progresso da referida finalidade.

A ética do respeito representa uma novidade no campo da ética; uma novidade porque, se bem que se tenha falado sempre do respeito, salvo Kant – e mesmo nele de forma muito especial, como comentarei no momento certo –, não se concebeu um enfoque que o tivesse por centro. O que se precisa reconhecer são as dívidas contraídas pela ética do respeito: é de salientar a filosofia socrática – à qual já me referi –, a estóica, a kantiana, e a personalista de autores como Lévinas ou Ricoeur, entre outras. Deixo, para um trabalho posterior, o diálogo que a ética do respeito pode estabelecer com outros discursos contemporâneos, como o de Hans Jonas e seu princípio de responsabilidade, ou o de Jürgen Habermas e sua ética discursiva. Assim como também fica proposta a projeção da ética do respeito a problemáticas ou âmbitos específicos.

Depois dessa primeira aproximação, nas páginas seguintes analisaremos as idéias de olhar atento e de respeito; para tal, nos servirá de ajuda examinar previamente as peculiaridades de *outra* perspectiva diferente, a técnico-científica (pois, além de ser hoje a que prevalece, seus contrastes com o olhar que aqui defendemos nos resultarão muito instrutivos).

Quando Simone Weil escrevia que "o que nos salva é o olhar", pressupunha, naturalmente, que era o olhar atento o que possuía esse necessário e saudável efeito. Esse pressuposto é minha certeza.

Posto que, do olhar atento surge o respeito, quase tudo o que temos que contar se poderia resumir parafraseando as conhecidas palavras agostinianas "ama e faz o que queres", desta forma: "presta atenção – olha atentamente – e faz o que queres".

Características da ótica técnico-científica

Quais são os enfoques determinantes do olhar técnico-científico?

O tempo ou a era da técnica, tal é a expressão com que numerosos pensadores, filósofos, historiadores e escritores, já desde começos do passado século XX, pretenderam explicar a especificidade do nosso presente. Lewis Mumford, Bertrand Gille, Karl Jaspers, Martin Heidegger, José Ortega y Gasset, Ernst Jünger, Jan Patoèka, Jacques Ellul, Herbert Marcuse, Theodor Adorno, Michel Foucault, Hans Jonas... viram na técnica a essência de nosso tempo, o elemento que melhor expressa o marco e o fundo da realidade que é a nossa.

É certo que nunca deve ter sido fácil responder à pergunta "onde estamos?", entendida como questionamento sobre a especificidade de um determinado tempo, de uma determinada época. E, não obstante, essa é uma tarefa que não devemos descartar, visto que se trata precisamente de nossa orientação, quer dizer, do esclarecimento da situação; somente quando alguém compreende onde está e quais são as características mais relevantes de seu contexto, torna-se capaz de atuar, de decidir e, definitivamente, de viver e conviver melhor. *O primeiro passo para se orientar ou para mudar uma situação consiste em compreendê-la* e, conseqüentemente, o mais escravo de todos os homens sempre é o que nem sequer sabe o que é.

É óbvio que o esclarecimento das chaves do nosso tempo deve ser feito com prudência, pois, inevitavelmente, falta-nos perspectiva; acontece, todavia, que hoje a técnica domina na superfície e no fundo do nosso mundo. De modo que, quando os autores antes citados falam da "era da técnica", eles não estão dizendo nada raro ou surpreendente; o interessante de sua contribuição é que, depois de colocar essa característica no centro, consigam explicar, além dos tópicos, o porquê e as conseqüências dessa centralidade.

Sempre existiram técnicas e instrumentos. O homem primitivo entalhava as pedras de sílex e, por isso, ali onde as encontramos, adivinhamos os vestígios dos primeiros homens. Foram muitas as técnicas que, desde os primórdios da humanidade, passando pelas grandes civilizações antigas (Mesopotâmia, China, Índia, Egito, Grécia, Roma...) até a Revolução Industrial do século XIX, acompanharam nossa vida. Por que, pois, há de ser especialmente a contemporânea a que receba a qualificação de "era da técnica"? Quais são as características que a diferenciam das demais?

Pois bem, as quatro características que, no meu modo de pensar, melhor justificam hoje essa denominação temporal estão relacionadas, respectivamente, com um *poder*, um *sistema*, uma *revelação* e uma *linguagem*.

Ainda que mantenha neste capítulo um enfoque preferentemente descritivo, não deixarei, no entanto, de delinear também algumas interrogações e de expressar várias preocupações. Considero urgente recuperar a arte de perguntar; de olhar as coisas e de questionar, de nos empenharmos em assumir a responsabilidade que nos cabe e que, contudo, se nos distancia. E, em princípio, para evitar interpretações precipitadas, sinto a necessidade de destacar uma obviedade: quem pergunta, pergunta; não é necessário que, já de antemão, por trás da pergunta se esconda uma posição tão indubitável e definitiva que faça da pergunta um mero recurso retórico.

Um poder inédito

Para este aspecto, tomo como ponto de partida o fragmento de um texto que o filósofo Emmanuel Mounier publicou em 1949 (convém, neste caso, levar muito em conta a época); um texto revelador de uma experiência especificamente contemporânea:

> Finalmente, acabamos de dar a volta decisiva. A ciência e a técnica iam introduzindo cada vez mais, como disse Valéry, o milagre no comércio. Divisar as estrelas mais longínquas, criar e dirigir a vida, esvaziar os mares, aplainar as montanhas, captar a energia das nebulosas, adiar a morte...: já não há conquista alguma de que não saibamos afirmar, sem presunção, que seja impossível à humanidade, contanto que disponha de uns quantos milhares de anos. Por outro lado, a ciência nos permite mais alguns bilhões antes do congelamento fatal de nossos descendentes. Mas é aqui que, estando a caminho, se nos apresenta uma nova surpresa: um poder único já adquirido, contrário a todos os demais, o poder de ultrapassar este planeta e a humanidade que o habita, assim como seu próprio poder de criar outros poderes. Instante solene. Até agora, não se podia dizer da humanidade que fosse dona do seu futuro, pois estava ainda *condenada* a um destino, enquanto que cada homem individualmente pode, levando sua liberdade ao limite negativo, praticar o auto-assassínio. Agora a humanidade como tal, deverá ter que se auto-eleger e será necessário, com toda certeza, um esforço heróico para não eleger a felicidade nociva, o suicídio. Podemos dizer que sua maturidade começa justamente nesta hora.[6]

Nesse texto estão contidas as expressões e as idéias que agora quero ressaltar: a "volta decisiva", dada graças à ciência e à técnica; um "poder único" e inédito, capaz de por um ponto final; um "esforço heróico", ou seja, uma grande responsabilidade do conjunto de todos nós, mulheres e homens, para orientar bem nosso poder.

O texto é, com efeito, uma mostra excelente de uma experiência, partilhada por muitos intelectuais da primeira metade do século XX, consistente em advertir que a humanidade chegou a ter um poder tão grande que já é capaz de levar a cabo sua própria autodestruição. As duas guerras mundiais e as bombas atômicas sobre Hiroshima e Nagazaki manifestam, inequivocamente, tão enorme poder. "Instante solene", disse Mounier, eis aqui que, pela primeira vez, é possível o suicídio da humanidade inteira. As perguntas mais atinentes à tragédia das guerras; perguntas sobre se a civilização seria capaz de empreender outro caminho, de exigir vias de compromisso com a paz e a convivência... são perguntas logicamente afins a outra mais geral: estaremos à altura do enorme poder que temos nas mãos? E isso é o que, no final dos anos sessenta, Hans Jonas formula em seu livro *O princípio da responsabilidade*[7]: somos capazes de assumir uma responsabilidade proporcional ao nosso poder? A pergunta não é, em absoluto, retórica; uma autêntica dúvida, nada abstrata, porém existencial e vivida profundamente, está por trás da formulação. A bomba atômica é, sem dúvida, o melhor símbolo do poder destruidor e, durante muitos anos, a imagem mais eficaz de nossos sonhos maus.

O poder proveniente da ciência e da técnica, que nós os homens temos nas mãos desde o século passado, é de tal calibre que, em relação a outras épocas, não supõe um simples aumento quantitativo, e sim, pelas cotas a que chegou, uma mudança verdadeiramente qualitativa. Com efeito, conhecemos situações nas quais algo se mantém mais ou menos de forma constante ao longo do tempo, assim acontece, por exemplo, com o que percebemos como a duração dos dias e das noites e as estações do ano; conhecemos outras nas quais registramos umas mudanças, como, por exemplo, quando estudamos as formas de elaboração do vinho ao longo da história; porém conhecemos outras ainda nas quais as variações foram tão importantes que mudaram substancialmente a situação. Em termos políticos, denomina-se esse tipo de mudança – quando são mais ou menos pontuais – de "revoluções". A mudança a que refiro poderia ser chamada de "revolução". Mais concretamente, nas últimas décadas do século XX, falou-se de revolução cibernética, de revolução informática, de revolução digital, e da sociedade da telemática ou "multimídia" (rede matricial que abrangeria as telecomunicações, a informática e o mundo audiovisual). Apesar de que também se advertiu sobre a banalidade de falar de revolução, de nova era, etc.[8], o certo é que aconteceram e estão acontecendo feitos suficientes e há bons argumentos para afirmar que – especialmente com a confluência das tecnologias da informação, a informática e a biotecnologia – se está diante de uma mudança social, política, econômica e cultural de enorme relevância. Falar ou não de "revolução", utilizar ou não o qualificativo de "nova era", não é o mais importante, já que, nesse caso, o nome não faz a coisa.

Se repararmos no poder técnico de que os homens dispuseram ao longo da história, do poder técnico que alguns povos utilizaram para lutar contra outros, ou que empregaram para a defesa diante das dificuldades e inclemências da natureza, ou para a transformação dela, constatamos, com efeito, que a mudança contemporânea está sendo de proporções desmedidas. Poder-se-ia sintetizar o ponto-chave recorrendo a uma frase de Ésquilo – o conhecido autor de numerosas tragédias na Grécia clássica – e a outra de um dos filósofos atuais mais atentos à transformação técnica do mundo, Gilbert Hottois. A de Ésquilo reflete a forma de conceber a relação entre a técnica e a natureza em seu tempo; a de Hattois, a maneira como essa relação aparece hoje em dia. Esta é a de Ésquilo: "A técnica é muito mais fraca que a necessidade".[9] E esta, a de Hottois: "A tecnociência transtorna, faz explodir, física e conceitualmente, o mundo e a ordem chamada natural".[10] É como se as duas expressões indicassem o início e o final de um trajeto.

Ainda que a mitologia grega seja porta-voz da principal força da técnica (até concebê-la, segundo o mito de Prometeu, como algo que procede dos deuses), para os antigos gregos a natureza era o mais importante referente para a vida. A palavra "necessidade" (*ananke*) que aparece na frase de Ésquilo se refere, obviamente, à natureza. É a necessidade que regula a natureza a que nenhum projeto humano pode transgredir e a que fixa os limites de todo projeto técnico. A natureza é a norma (*nomos*), e sobre esta norma os homens constroem suas leis (*nomoi*) e suas morais. A natureza é, pois, a orientação da vida humana e seu limite. As certezas e as crenças, os hábitos e os costumes, tinham na natureza seu paradigma. Hoje, isto já não é assim. A natureza foi substituída pela técnica, pelo universo técnico, sendo sobretudo nele onde, desde o nascimento até a morte, as pessoas, individual e coletivamente, recebem pautas de comportamento. A natureza cedeu ante o poder da técnica, que já se mostrou muito mais forte que "a necessidade". Eis aqui o poder inédito.

E com ele, ou devido a ele, estas outras experiências decisivas: a da fragilidade, a do perigo e a da responsabilidade.

É esse poder inédito o que provoca fascinação, por um lado, e medo, por outro. Alguns mundos possíveis, criados por nós mesmos, se revelam no horizonte, e situações bastante preocupantes, inclusive desastrosas, se delineiam como abismos debaixo dos nossos pés. Daí decorrem os apelos à responsabilidade, as convocações a assumir uma responsabilidade proporcional ao poder. Estar-se-á à altura? Saberemos empregar bem a potência transformadora que temos? Vamos nos converter, como parece, em nossos próprios artífices? E então, o que vamos fazer de nós mesmos? Até que ponto exploraremos este pequeno planeta chamado Terra? A serviço de qual modelo de pessoa estamos dirigindo o progresso científico e tecnológico? Que tipo de sociedade e de mundo queremos construir? Estamos sendo agora mesmo suficientemente responsáveis?... Estas são algumas das perguntas que expressam nossa inquietude e nossa preocupação.

Provavelmente, um dos campos no qual mais se reflete a novidade do poder técnico seja o da engenharia genética, e a possibilidade de modificarmos a nós mesmos que, com ela, começa a se abrir. É evidente que, desde suas origens, o homem modificou seu entorno com os instrumentos de que dispunha; desde os sílices que serviam ao homem como ponta de lança e como objeto útil para cortar, até as naves espaciais a serviço de nossa avidez para ver mundos que ainda não conhecemos, ou nossos multifuncionais e multifacetados computadores pessoais, a técnica foi modificando o meio. Transformamos nossas casas e nossas cidades, e as maneiras de viajar e de nos comunicarmos, e a produção de alimentos... Fomos controlando os "elementos" do mundo ou, pelo menos – com as paredes e os telhados, os medicamentos e a utilização de energias... – aprendemos a resistir, inclusive com comodidade, às inclemências de alguns destes elementos. Sim, certamente, em todo este caminho também nós mesmos nos modificamos. Mas normalmente essas modificações eram lentas, às vezes indiretas, e também, na maioria das vezes, modestas. Agora, em compensação, o que já começamos a ter nas mãos é outra coisa. Não é exatamente um presente, mas sim um futuro que começa a se mostrar no horizonte. Parece que poderemos nos modificar a nós mesmos, converter-nos em artífices do futuro humano, ou do que venha a nos acontecer no caminho da "evolução". A biotecnologia é a expressão máxima deste novo panorama; palavra repleta de possibilidades e de riscos, de esperanças e de angústias... que nos converte em autocriadores, ou seja, em uma espécie de deuses. Depois de haver obtido consideráveis vitórias na luta contra o meio – mesmo que nunca absolutas nem definitivas – o homem se dispõe agora a dominar sua própria constituição. E do mesmo modo que o domínio sobre o meio foi acompanhado de certa dessacralização da natureza, também o incipiente domínio sobre a vida vai permitir o progressivo abandono de seu mistério.

Um sistema

> *Não basta a Técnica ser e, em nosso mundo, mesmo já sendo o fator principal ou determinante, se converteu, inclusive, em Sistema.*[11]

Como devemos conceber a técnica hoje em dia? E qual é a relação entre ciência e técnica? Creio que para responder a ambas as perguntas é muito útil – e necessário – recorrer à noção de sistema.

Uma breve referência ao trabalho dos enciclopedistas do século XVIII pode nos servir de contraste e de ajuda. Proponho uma olhada em algumas das mais de 300 pranchas da *Enciclopédia ou dicionário lógico das ciências, artes e ofícios*, dirigida por Diderot e D'Alembert; tratam-se de gravuras que representam, de forma meticulosa, as diversas atividades humanas: desde os trabalhos agrícolas à atividade do açougueiro ou do fabricante de baús e maletas; desde as artes militares aos moinhos de vento e às fábricas de tabaco... A qualidade destas representações é extraordinária, cada uma é uma pequena obra de arte. Com elas não se pretendia um simples complemento às explicações escritas, mas sim uma seção perfeitamente consistente que se originava da convicção, de senso comum, partilhada por Diderot e D'Alembert, de que "um olhar sobre a representação da coisa diz muito mais que uma página de discurso". Diderot e D'Alembert se propuseram a elaborar um repertório completo e "razoado", ou seja, no qual se tornasse pública, para cada consagração, cada ofício e cada arte, a relação entre saber e atividade. O trabalho que levaram a cabo foi feito aproximando-se, o máximo que puderam, de cada uma dessas realidades ("às coisas mesmas", como se diria em fenomenologia); em vista disso, não regatearam tempo para visitar as diferentes oficinas, nem para os encontros e conversas com os protagonistas daquelas atividades, verdadeiros depositários dos distintos saberes e artes. "Há coisas que só se pode aprender nas oficinas", escrevia D'Alembert. Estes saberes, não necessariamente esotéricos, estavam vinculados à tradição familiar, às associações e à prática em si, pelo que sua riqueza e diversidade estavam asseguradas.

A partir dessa referência, façamos duas observações, e a primeira é sobre a idéia do conjunto. O objetivo dos enciclopedistas era ordenar os materiais, classificá-los e oferecer uma visão global; mas o resultado por eles obtido não fornece a imagem de *sistema técnico*, o que, evidentemente, não supõe nenhum defeito de seu trabalho. Ainda que não falte em seu trabalho algum tipo de unidade, é óbvio que não apresenta a forte unidade e o dinamismo próprios da técnica contemporânea, em relação à qual, certamente, é que é adequada a noção de *sistema técnico*. (Entendo por "sistema" o conjunto de inter-relações entre as diferentes técnicas e elementos próximos às mesmas, que configura uma espécie de rede dinâmica com certa tendência à autonomia, ou seja, a mover-se e desdobrar-se por si mesma.)

E a segunda observação é: no panorama técnico e artístico descrito pelos enciclopedistas, onde estão as questões éticas? Onde, os conflitos? Ao contrário de nossa situação atual, na qual os problemas são explícitos e de grande relevo, não se vê ali, se é que existe, problemática alguma. Qual é a diferença entre uma oficina de curtição de peles do século XVIII e qualquer de nossos laboratórios atuais de engenharia genética? Essa diferença pode nos proporcionar alguma pista sobre por que desponta tão persistente em nossos dias a problemática ética?

A noção de sistema é, sem dúvida, bastante ampla, o suficiente para que se possa utilizá-la de múltiplas formas e sirva para qualificar realidades muito diferentes. Assim, historiadores da técnica do porte de Mumford e Gille[12] falaram dos sistemas técnicos das diversas épocas. Tomado isto ao pé da letra e sem mais nenhum esclarecimento, haveria que retificar o que dissemos a propósito da *Enciclopédia*, poucas linhas acima, de que não se observa ali nenhum sistema, como se a realidade da qual falaram não desse para isso. Contudo, às vezes ocorre que uma mudança quantitativa determina outra qualitativa e, no meu entender, a realidade sistêmica atual, exatamente por sua intensidade, pouco ou nada tem a ver com as realidades sistêmicas de outro tipo, como sem dúvida eram aquelas às quais se referiam Mumford e Gille. À pergunta "o que é a técnica hoje?", ninguém que esteja informado deixará de responder que é um complexo e potente sistema. E um sistema não é um simples conjunto de cenários e elementos diferentes.

Se hoje quiséssemos fazer um trabalho equivalente ao de Diderot, como procederíamos? Como se poderia elaborar hoje uma enciclopédia das técnicas? Teria a aparência de um conjunto? Se fôssemos encarregados de um projeto assim, em seguida notaríamos que, para compreender nossa realidade, o parcelamento e a descrição isolada de cada uma das técnicas não tem muito sentido. Hoje, não apenas é necessária uma visão sinótica, senão que assistimos, por exemplo, a uma interessantíssima confluência das técnicas de informática com as das telecomunicações e com as da engenharia genética, o que pressupõe, por um lado, homogeneização e, por outro, uma progressiva extensão das diferentes partes desta rede.

E que estampas desenharíamos? A realidade sistêmica, em que pese a sua enorme potência e efetividade, é algo um tanto abstrato e intangível. Pense-se, então, no que chamamos "sistema econômico": seus efeitos são evidentes, mas, de fato, o sistema não se deixa ver. Como, pois, desenhar algo que adquire consistência sistêmica e que se inter-relaciona com outros sistemas, igualmente complexos e abstratos? Pois essa dificuldade de desenhá-lo também nos diz algo sobre a entidade sistêmica e sobre o caráter necessariamente mais abstrato de uma hipotética atualização da *Enciclopédia*. O sistema técnico atual tem algo de "invisível" e, não obstante, está aí, com toda sua força, com toda sua enorme potência; sua presença se faz notar em toda parte.

Esta constituição sistêmica explica também que a técnica contemporânea seja um *universum*, um "englobante". Está em todos os lugares e ali impõe suas condições; encharca as relações sociais e determina as formas de pensar e de imaginar. É o universo do homem, o que lhe é imediato e o que intermedeia tudo o mais. Seu imediatismo nos passa desapercebido: quando estendemos a mão é para nos agarrarmos à técnica, em casa, na rua, no trabalho, nos lugares públicos... É um imediatismo tão natural que resulta irrefletido, sem distância. É um ambiente tão imediato e evidente como seriam o bosque e as montanhas para o homem do Paleolítico.

Ora, se admitirmos a pertinência da noção de sistema para falar da técnica e das ciências atuais, temos que nos perguntar, antes de tudo, em que relação estão hoje a ciência e a técnica. Não sem razão falei antes como se se tratasse de um só sistema (o sistema da tecnociência). Mas isso, a ser assim, merece uma explicação.

Tradicionalmente, se veio distinguindo entre ciência e técnica e estabelecendo uma relação de dependência da segunda com respeito à primeira: as descobertas científicas eram consideradas o ponto de partida possível para aplicações e desenvolvimentos técnicos; entendida assim, a técnica significava aplicação da ciência ou ciência aplicada.[13] Porém, durante o século XX, e muito especialmente em sua segunda metade, foi-se produzindo uma progressiva anulação da fronteira e da hierarquização entre ciência e técnica. Daí que tenha tido êxito a expressão "tecnociência", posta em circulação sobretudo a partir das obras de Gilbert Hottois.[14]

Não é resultado de nenhuma alucinação passageira que exista uma ciência desinteressada (herdeira da *theoria* grega) e que o campo da técnica venha definido pela aplicabilidade de dito saber teórico; responde a uma classificação secular (perfeitamente sistematizada já em Aristóteles, quando distinguia três tipos de atividade: *theoria*, *poiesis* e *praxis*, e seus saberes correspondentes: *sophia*, *techné* e *phrónesis*), e responde também a uma realidade histórica e a umas atitudes pessoais sempre possíveis. Também é certo que problematizações dessa linha, ou propostas diferentes, não datam somente dos últimos anos. Nesse sentido, surgiram certos enfoques de caráter marxista, e é preciso reconhecer algo tão elementar como que a genealogia de muitas teorias nos faz retroagir ao mundo dos *prágmata* e da experiência. Uma discussão sobre esse ponto, porém, levar-nos-ia demasiado longe do que agora nos interessa. Limitemo-nos, pois, ao que ocorre com a ciência moderna, e também deixemos de lado aqui reflexões – quanto ao mais tão interessantes – como a que versa sobre o fato de que não é estranha à ciência a intenção de dominar o mundo, sua aspiração de que conhecer seja também poder,[15] ou outras relativas ao que Husserl chamou "processo de tecnicização da ciência moderna".[16] Limitemo-nos aqui a considerar algo mais próximo e de outro nível de abstração. Hoje, as tentativas de traçar uma rigorosa linha de demarcação entre ciência e técnica resultam um tanto forçadas, pois o que nos mostram, na imensa maioria dos casos, é sempre uma mesma coisa. A ciência sofreu uma transformação muito profunda na organização da pesquisa, na política científica, na dependência da mudança econômica, etc., e toda essa transformação tem muito a ver com sua inter-relação com a técnica. Por exemplo, em relação à política científica, a onipresente P+D* não é uma simples etiqueta, e tampouco é uma brincadeira que os parâmetros de P+D se imponham em todas as universidades e centros de pesquisa (científica!).

A relação entre ciência e técnica não se estabelece apenas em um sentido. É verdade que ainda se pode afirmar que a pesquisa científica é o motor do desenvolvimento tecnológico, porém é forçoso acrescentar que o próprio desenvolvimento tecnológico é a condição *sine qua non* do progresso da pesquisa científica. Temos um caso emblemático de tal condicionamento na investigação do genoma: somente mediante as modernas técnicas de informática foi possível obter a primeira seriação. Geralmente a pesquisa científica atual requer importantes plataformas e inovações técnicas junto com as gigantescas mudanças econômicas que essas necessitam.

De modo que *pesquisa* é uma palavra que já não casa unicamente com a palavra ciência, mas também com a palavra *técnica*. A informática e a biotecnologia são campos de desenvolvimento tipicamente técnico-científicos, nos quais confluem diversas ciências (física, matemáticas, biologia) e engenharias. O que não quer dizer que não

---

* P+D significa Pesquisa e Desenvolvimento. Em espanhol a sigla é I+D, correspondendo a Investigación y Desarollo. (N.T.).

existam âmbitos e pessoas que exemplifiquem o campo da pesquisa fundamental e o saber desinteressado, apesar de que, inclusive nesses casos, a pesquisa científica também está muito condicionada pelos desenvolvimentos técnicos. Até o ponto de que o autêntico motor do progresso científico, mais que os descobrimentos isolados, é o trabalho técnico em equipe e projetado como tal. Nesse sentido, o prêmio Nobel de física Jack Steinberger comentava em uma entrevista: "A pesquisa científica já não é assunto de pioneiros como meu grande mestre Enrico Fermi. Hoje, no meu campo, só se fazem grandes descobertas com grandes equipes humanas de centenas de pesquisadores e com aparelhos incrivelmente caros".

Assim, pois, a estreita relação entre ciência e técnica, tecnicização da ciência e "cientifização" das técnicas, justifica de sobra o uso dos conceitos e correspondentes neologismos de "tecnociência" e de "sistema técnico-científico" (em que pesem as tampouco menosprezíveis argumentações que se podem fazer em contrário, como as que expõe Jean-Pierre Séris).[17] A tecnociência já traz em sua intencionalidade a modificação do mundo; é operacionalidade e produtividade. Por isso, as questões éticas têm a ver não apenas com aplicações, mas também com a mesma base da pesquisa técnico-científica.

Contudo, assim como as técnicas não devem ser concebidas isoladamente, tampouco os sistemas. De fato, acontecem inter-relações intersistêmicas e, possivelmente, a mais decisiva de todas, hoje em dia, seja a inter-relação entre sistema técnico-científico e sistema econômico. Ambos os sistemas estão sendo os principais protagonistas de nossa sociedade. Há até quem queira ver na relação entre genética e economia a chave do futuro: os genes serão – segundo dizem – o ouro do futuro. São numerosos os biólogos moleculares – muitos deles contratados por empresas multinacionais – que se dedicam a investigar com finalidades comerciais os mapas genéticos de plantas, microorganismos, animais e também o do ser humano. É algo surpreendente como, nesse novo campo, patenteia-se tudo o que se pode. Começou-se patenteando organismos geneticamente modificados e agora a prática habitual já é que, quando se identifica um gene, seu descobridor solicite de imediato uma patente, antes mesmo de se conhecer a função que esse gene desempenha. Dessa maneira, poderia acabar acontecendo que grande parte dos cem mil genes da espécie humana fosse patenteada e passasse, assim, a ser propriedade intelectual exclusiva de empresas farmacêuticas, químicas ou biotecnológicas. E o mesmo poderia ocorrer com os genes de outras espécies.[18]

O caso é que não podemos deixar de olhar com muita atenção para a ligação íntima que existe entre biotecnologia e sistema econômico. Todos sabemos que são cada vez maiores os recursos necessários para a pesquisa de ponta e naturalmente ninguém pode supor que o financiamento privado – e inclusive o público – sejam desinteressados. Que áreas de pesquisa são as prioritárias e por que essas e não outras? As grandes empresas do setor contratam os melhores cientistas, e muitos grupos de pesquisa de organismos públicos dependem de projetos de pesquisa custeados por empresas privadas. O financiamento da pesquisa, as estratégias comerciais das grandes companhias, o mercado e as necessidades dos consumidores... todos esses fatores fazem com que não se possa acreditar, ingenuamente, que a pesquisa biotecnológica e suas aplicações façam parte de uma hipotética neutralidade da ciência e da tecnologia.

Resumirei em três afirmações o que foi dito até aqui:

– Hoje é oportuno falar de sistema tecnico-científico para se referir à potente rede entre ciência e tecnologia.

– Por sua vez, acontece uma relação muito estreita entre sistema técnico-científico e sistema econômico.

– Se assumimos a noção de sistema técnico-científico, é preciso revisar a fundo a tese da neutralidade (ética) da técnica.

Tradicionalmente veio se considerando que a técnica é um mero instrumento nas mãos do homem: este está no centro, é o protagonista e, em função de seus objetivos, encaminha a utilização da técnica em uma direção ou outra. Assim, o "senso comum" mantém a idéia de que a técnica não é senão um conjunto de instrumentos (e, como tais, eticamente neutros) e de que o desenvolvimento técnico-científico está orientado e dirigido por projetos humanos (eticamente significativos). Mas se hoje admitimos essa consistência sistêmica da ciência e da técnica, não cabe ver imediatamente tal sistema como um mero instrumento.

Uma revelação

Falar aqui de "revelação", a princípio, talvez pareça algo estranho, porém não se tardará em compreender que pode ajudar muito porque prepara o terreno para estabelecer o contraste entre a "revelação técnico-científica" e a "revelação do respeito".

Hoje, a ciência e a técnica são uma revelação; uma revelação no sentido literal, ou seja, uma forma de mostrar, de manifestar, de fazer presente.

Um simples instrumento contribui para que se vejam as coisas de maneira diferente de como se via quando ainda não se contava com ele. O telescópio ou o microscópio são exemplos privilegiados e evidentes: inventado o microscópio, com ele começou-se a ver as estruturas da realidade cuja existência, antes, nem sequer se suspeitava. Mas o mesmo acontece com outras coisas não tão evidentes à primeira vista: qualquer técnica traz consigo um olhar diferente sobre o mundo. Os instrumentos agrícolas foram mostrando a terra como algo cultivável; as barcas e os botes – as técnicas de navegação – revelaram o mar como navegável. É bem possível que o mar fosse visto antes como o imenso e especialmente poderoso, como o infranqueável limite do mundo conhecido, porém, com a construção de barcos, a visão mudou; sem dúvida perduraria algo da antiga maneira de vê-lo – e talvez ainda se mantenha – mas, com os barcos que o navegam e cada vez com mais velocidade e quase sem nenhum perigo de naufrágio, nossa visão do mar, ou seja, a revelação do mar, o que nos é mostrado do mar, já é outra coisa.

Que a técnica é uma maneira de mostrar, de revelar, compreende-se também, em seguida, se observamos as técnicas artísticas. A escultura, a pintura, a música... são formas de revelar, de trazer à luz a figura humana que aparece esculpida na pedra, a paisagem que aparece sobre a tela, a melodia que chega aos nossos ouvidos. Mas não apenas isso: um tipo de escultura, um tipo de pintura, um tipo de música... incidem, portanto, na nossa maneira de ver e apreciar outras realidades, outras parcelas do mundo. Todas as técnicas partilham com a arte o fato de serem veículos de revelação.

O sistema da tecnologia também nos revela o mundo de uma determinada maneira, proporciona-nos a cosmovisão que, hoje em dia, é hegemônica. O que explica que uma opinião sobre a qual se diga, com razão, que "não é científica", perca toda a credibilidade.

Pois bem, *de que maneira a tecnologia revela o mundo?* Quais são as especificidades da visão técnico-científica do mundo? Para responder a essas perguntas é preciso fazer pelo menos uma breve referência à origem da ciência moderna e à mudança que implicou a revelação do mundo, das coisas, da natureza. A ciência moderna, que se inicia entre os séculos XV e XVII, baseia-se no pressuposto de que tudo é determinável. Um sujeito cognoscitivo, diante de um mundo objetivo, pode ir descobrindo – determinando – o verdadeiro deste mundo. Tal tarefa será vista como inacabável graças, exatamente, aos nossos limites, contudo é uma tarefa com um sentido perfeitamente definido. Assim, por exemplo, Laplace considerava que uma inteligência divina – sem limitações – poderia deduzir situações passadas ou futuras a partir do conhecimento completo de uma determinada situação do mundo.

Nesse pressuposto filosófico, a matemática desempenhou papel decisivo. Desta maneira, por exemplo, Galileu entende que a matemática e, em especial, a geometria pura constituem o método de conhecimento da existência do mundo, que é de natureza matemática. Em princípio, a aplicação da matemática se faz sobre o campo das estruturas espaços-temporais, mas logo se projeta até às chamadas "qualidades sensíveis" que, à primeira vista, não parecem calculáveis com exatidão (o calor, o odor, a dureza...). De fato, uma das conseqüências importantes da "matematização" da natureza é a supressão das qualidades sensíveis, consideradas meras derivações do mundo, em si, matemático. A segunda conseqüência importante é a supressão, ou pelo menos a abstração, do sujeito em sua vida pessoal e espiritual (pois essa não diz respeito à determinação científica do mundo). A terceira conseqüência é o crescente poder que começa a se desfraldar. O homem do "conhecer é poder" é, ao mesmo tempo, o homem do poder técnico. Como viram e festejaram autores tão diversos como Bacon e Descartes, o novo conhecimento do mundo é também domínio do mundo. A operacionalidade é parte essencial da ciência moderna e nos coloca a caminho de nos tornarmos mestres e possuidores da natureza: "[...] Em lugar da filosofia especulativa ensinada nas escolas, é possível encontrar uma prática por meio da qual, conhecendo a força e as ações do fogo, da água, do ar, dos astros, dos céus e de todos os demais corpos que nos rodeiam, tão distintamente como conhecemos os vários ofícios dos nossos artesãos, poderíamos aproveitá-los da mesma forma em todos os usos para os quais são próprios e, dessa maneira, nos tornarmos como senhores e possuidores da natureza".[19] Essa idéia da possessão poderá se apresentar com mais ou menos força, porém, em qualquer caso, já não se separará nunca do progresso científico; dito de outra forma, a dimensão operacional é parte indissolúvel da ciência moderna. Por isso, no parágrafo anterior, argumentamos sobre a conveniência de examinar a estreita relação que existe hoje em dia entre a ciência e a técnica e sobre a oportunidade de falar de *tecnociência*. Seja que a técnica tenha devorado a ciência e esta tenha passado a ser um simples meio daquela, ou que a ciência já se desenvolva sempre visando dominar e manipular o mundo.

Mas voltemos à pergunta inicial: que tipo de mundo nos é revelado pela tecnociência? De imediato, diríamos que um mundo desencantado e manipulável, o que vem a ser duas faces da mesma moeda.

O primeiro desses aspectos é o que Max Weber explicava assim: "A intelectualização e a racionalização crescentes *não* significam, pois, um crescente conhecimento geral das condições comuns de nossa vida. Seu significado é muito diferente; significam que se sabe, ou se crê, que em qualquer momento em que *se queira pode-se* chegar a saber, que, portanto, não existem poderes ocultos e imprevisíveis ao redor da nossa vida, mas sim que, ao contrário, tudo pode ser *dominado mediante o cálculo e a previsão*. Isto que dizer, simplesmente, que se excluiu o mágico do mundo".[20]

Embora, certamente, o desencantamento do mundo seja um processo nunca totalmente concluído e sempre minado por novas reencantações, foi e está sendo um processo muito eficiente e, ao menos em parte, irreversível, ligado ao desenvolvimento da ciência e da técnica, que conduz a um progressivo desaparecimento das forças ocultas, dos poderes mágicos e do divino (assim como também presumiu uma dissolução do simbólico). O mundo desencantado é um mundo menos enigmático, menos terrível, menos misterioso, menos propenso à imaginação e às fábulas, e mais de raciocínio e de exploração científica. Ademais, o conjunto da realidade se unificou, se homogeneizou; a realidade é uma e a mesma, mas com menos mistérios.

Além de desencantado, o mundo revelado pela ciência moderna é um mundo manipulável. Heidegger usou com muita propriedade a palavra "mercadorias" para se referir a esse aspecto.[21] Como quando alguém vai comprar sapatos novos e, ao pedir o modelo preferido e dizer o número que calça, a pessoa que está atendendo lhe diz que vai ver se ainda restam mercadorias. Essa está armazenada e disponível no depósito, esperando sua venda e seu uso posterior. Com efeito, as mercadorias não estão ali para serem contempladas ou para se conservá-las e preservá-las durante muito tempo; estão ali para serem vendidas e usadas. Essa é sua única razão de ser. Têm "pouca" consistência e uma vida efêmera. Não estão concebidas nem são vistas como algo que tenha que durar. Precisamente por isso, quando se acumulam (e não se gastam) é preciso fazer algo como, por exemplo, baixar seu preço, desvalorizar, para assim favorecer sua passagem para a fase de uso e consumo.

A conversão em recurso de quase tudo o que nos rodeia é obra do sistema moderno da tecnociência, em cumplicidade com um sistema econômico baseado muito especialmente no consumo. De modo que, hoje, o mundo tende a aparecer (a revelar-se) para nós como um enorme armazém de mercadorias.

Para realçar isso e não fazer uma exposição simplista nem maniqueísta que fale da técnica em geral sem nenhuma precisão, acrescentarei alguns exemplos que nos mostrem uma mescla de diferentes situações técnicas e diferentes formas de ver.

Junto com o velho arado puxado pela mula, sucedia-se uma experiência da terra: dureza e grandeza em comparação com a pequenez do ser humano. O camponês, muito a duras penas, com muito esforço, conseguia tirar proveito da terra, a qual, ano após ano, continuava a mostrar-se a ele com a mesma face exigente de árduos trabalhos. Graças ao arado e à ajuda de sofridos animais domesticados, ia-se, então, sobrevivendo. A terra, tão imensa e tão forte, sustentava os homens sem sequer notar sua presença. E os homens viviam sobre a terra e da terra, de que, apesar de sua dureza, obtinham o sustento. A terra lhes permitia viver, e acolhia-os ao morrer. O arado é um instrumento de modificação superficial de que a terra apenas se ressente. E o homem é consciente de que só intervém ligeiramente na epiderme terráquea e de que, ainda assim, o esforço requerido para isso gasta todas as suas energias cotidianas. Através do arado tradicional da terra, o homem via o mundo e a si mesmo de uma determinada maneira. O arado não era um mero instrumento agrícola, mas sim também algo que contribuía, com os demais instrumentos agrícolas, para uma forma de ver as coisas, de se revelar o mundo. Em compensação, o que acontece hoje com os modernos instrumentos agrícolas? Com as potentes escavadoras se aplanam os campos ou, até mesmo, criam-se outros onde antes havia pequenos ou não tão pequenos relevos; com os adubos artificiais se fornece à terra a composição que se crê adequada para o tipo de cultivo previsto; com os potentes tratores modernos se lavra, em poucas horas, o que antes era tarefa de semanas inteiras. E outro tanto, digamos, da semeadura e da colheita. Mas não se trata apenas de se hoje é mais ou menos fácil o trabalho agrícola. O importante é reparar em como se vêem as coisas atualmente por meio desses novos instrumentos. Nos países industrializados, a terra, o que se lavra e se cultiva, perdeu parte de sua dureza e sua imensidade para se converter no disponível, um recurso ao nosso alcance, uma mercadoria. Obviamente, não é que só possamos ver a terra dessa maneira. Ainda cabe nos aproximarmos dela com os olhos do poeta, ou do caminhante, ou do pintor...

Podemos obter outro exemplo do que está ocorrendo com as energias fósseis. Resulta especialmente estranho que, quando se fala dessa energia, se utilize muitas vezes a expressão, evidentemente, das mais inadequadas, "produção de energia". O petróleo não se produz, está aí, e simplesmente o convertemos em – o vemos como – mercadoria de armazém. E o extraímos de onde está armazenado. E quase sarcasticamente falamos de "reservas energéticas" que, isso sim, não teríamos de esgotar!

Essa forma de revelação, porém, atinge o próprio homem e há expressões que já refletem esse domínio: "capital humano", "recursos humanos"... Parece que também nós mesmos nos vemos como mercadorias, o que fica perfeitamente visível nas guerras: os homens são simples elementos do "contingente" armado... (que "desaparecem" e é preciso "substituir"...). Contudo, ainda mais sutil, na normalidade democrática dos países ocidentais, os eleitores também são concebidos como recursos (em parte como recursos, em parte como consumidores). O predomínio das estatísticas é uma mostra dessa mentalidade. As estatísticas são como as recontagens e os inventários das mercadorias do armazém; respondem à pergunta de quanto resta disponível.

Sobretudo nesses dois últimos exemplos, é praticamente impossível evitar um tom de queixa e desagrado diante das situações que refletem. Mas não acontece o mesmo com o exemplo das técnicas agrícolas, no qual a situação é mais ambivalente. E, para deixar claro que o que interessa aqui é descrever uma forma das coisas se revelarem e não emitir, já neste momento, uma valoração moral, acabarei dando um último e também significativo exemplo dessa revelação técnico-científica. Acaso não é outra conseqüência dessa revelação que, no âmbito médico, e desde há bastante tempo, se proceda a acumulação de reservas de sangue e de outros elementos do corpo humano? E isso não supõe que o sangue tenha se mostrado como um recurso, como uma mercadoria? Em tais casos, e felizmente, valorizamos muito que a pessoa seja doadora e que haja técnicas para a correta acumulação de sangue e sua transfusão ou implante em todas aquelas situações nas quais isso seja necessário para curar ou salvar alguém.

Uma linguagem

Algumas das considerações do parágrafo anterior já nos situavam plenamente no terreno da linguagem. A um tipo de revelação das coisas corresponde um tipo de linguagem. De fato, para poder explicar que acontece um determinado tipo de manifestação das coisas, recorremos a expressões como: *mercadorias, recursos, reservas, acumulação, disponibilidade, depósito, armazém, consumo...* com as quais se manifesta para nós uma família semântica bastante significativa.

Antes de fazer aqui um comentário geral sobre a linguagem da informação, será conveniente acrescentar mais uma palavra a essa família semântica: a palavra "exploração". Em muitas ocasiões, denuncia-se a *exploração* massiva e indiscriminada dos recursos naturais (como se os recursos não existissem senão justamente para serem explorados!). Exploram-se os recursos naturais e exploram-se também os humanos ao considerá-los e tratá-los como meros recursos disponíveis com que produzir energia e extrair um rendimento. (Por infelicidade, também hoje, e em demasiados lugares do planeta, homens, mulheres e crianças são literalmente explorados.)

Que significa exatamente "explorar"? De certo modo, para explicar seu significado é imprescindível estabelecer uma ligação com a família semântica dos recursos e das mercadorias. Apesar da aparência, *explorar* tem pouco a ver com *explosão*; enquanto esta palavra nos remete à idéia de estalido, explorar vem de *explicitar* (*explicitare*), ou seja, realizar, levar a cabo, aproveitar até o fim, extrair; explorar é extrair e aproveitar-se do que foi extraído. Só é explorável aquele ou aquilo que tem alguma coisa dentro (e em segurança). É evidente a relação disso com a temática marxista da alienação. Os operários, condicionados pela lógica da (ir)racionalidade tecnocapitalista, vêem-se forçados a dar algo de si que nunca lhes será devolvido, a extrair algo que vão perder definitivamente, a alienar-se. Porém, mais além da análise marxista, o que aqui nos interessa agora é deixar clara a relação entre a idéia de exploração e a cosmovisão técnico-científica. Como não vai ter cabimento nisso a exploração, o extrair o que está dentro para aproveitá-lo? (E agora não falo em tom de denúncia).

Parece que não há nada que não se possa explicitar (e, portanto, se explorar). Não existe nem o oculto, nem o secreto. O que está dentro, no interior, pode ser extraído, à luz do dia, para fazer com ele o que faça falta. Extrair: os minerais e os fósseis de dentro da terra, a energia dos átomos, os genes do "interior" do homem. Trata-se sempre do mesmo processo: de explicitar, tirar o que está dentro. Não estamos falando da pura e simples devastação que tem outras causas, mas o certo é que a exploração é uma explicitação, um abrir ou pôr a descoberto, um tirar o que está dentro das coisas. Aqui, como no tema dos recursos, seria muito fácil apresentar exemplos, uns que certamente censuraríamos – e, de fato, já censuramos – e outros que na maioria qualificaríamos de muito positivos, como os relacionados com aquela explicitação que possibilita prever ou curar determinadas enfermidades. Contudo, por ora, damos por incorporado o significado do termo exploração ao que já foi dito com base na idéia de *mercadorias*.

Passemos agora ao tema da linguagem da informação, linguagem cuja importância recebe contínuo destaque em nosso entorno lingüístico. Claro que isso não é casual, pois a linguagem que corresponde à era da técnica é justamente a linguagem da informação.

Falamos de "estar informados" no sentido de "ter notícia de...". Informar coincide com dar notícia das coisas que acontecem, de forma rápida, "objetiva" e clara. De certo modo, "dar notícia" é assegurar as coisas, fixá-las, não deixar lugar para o vago ou o não suscetível de um determinado nível de fixação e de segurança. Evidentemente, o perigo que a linguagem informativa acarreta não é um perigo que dependa de algo intrínseco a essa linguagem, mas sim da sua hegemonia e da dificuldade com que esbarram outras linguagens para serem igualmente valorizadas e desfrutarem de igual prestígio. O certo é que a hegemonia da linguagem da informação reduz não apenas as possibilidades de uso das demais linguagens, como o reconhecimento que podem obter.

A linguagem da informação é a mais própria e característica da era da ciência e da tecnologia, porque *fixa e determina as coisas*, e porque é a linguagem exportável – precisamente – para o mundo da *informática*. Já foi indicado antes que o pressuposto fundamental da ciência moderna consiste na idéia da determinação universal (de que tudo pode ser finalmente determinado). A linguagem informativa é o que melhor acompanha a esta determinabilidade de tudo o que existe. Esta determinação, porém, já é o próprio início do poder. Informar é dar forma, não só àqueles a quem se informa, mas antes, às coisas de que se informa (e nisso já pulsa um gérmen de dominação). De fato, "a informação é poder" se converteu em um lugar-comum. Ao que já foi dito, caberia acrescentar que a informação acerca de algo permite, desde logo, atuar com mais eficiência sobre ele. Mais concretamente, quanto mais informação se tenha, melhor poderão se manejar os fios do poder. Geralmente, a idéia extensiva a todos os seres vivos é de que a informação sobre o mundo circundante permite organizá-lo de tal maneira que se consiga tirar dele o máximo proveito possível. Informação significa, pois, controle, domínio, poder.

A atual hegemonia da linguagem da informação é obviamente contestável. Porventura se fala das tecnologias da informação casualmente? Há muitos canais de televisão e estações de rádio dedicados exclusivamente à informação, vinte e quatro horas por dia; há o imenso mundo da internet, por ele navegamos em busca da informação e já está sendo ensinado aos estudantes a se habituarem com ele desde o jardim-de-infância; há periódicos, revistas... Tudo são conexões e fluxos de informação que se deslocam de um lado para outro de forma praticamente instantânea. Com o que se produz um estranho paradoxo: se, por um lado, a linguagem informativa fixa e assegura as coisas, por outro lado, a enorme massa de informação que se reproduz e multiplica dia após dia faz com que a informação seja muito efêmera – tudo nela caduca muito rapidamente; as manchetes da semana passada hoje são pré-história ou já não são nada; o fluxo substitui incessantemente o fluxo, a informação vai sendo substituída *fluidamente* por nova informação.

Mas talvez o mais preocupante seja que agora já estamos entendendo a informação como a forma mais elevada de linguagem, justamente devido a sua univocidade, a sua segurança e à rapidez com que se pode comunicar. Percebê-la assim ajuda a menosprezar a importância de outros meios de linguagem, como a natural que, cheia de rodeios e tonalidades, pouco tem a ver com a linguagem informativa. A linguagem familiar, a linguagem dos sentimentos e, sobretudo, do que se veicula unicamente pela língua materna, tem muito pouco a ver com a linguagem informativa. Por meio da linguagem materno-familiar, ou refletindo a partir dela, aproximamo-nos ao que quase não se pode dizer, ao que não pode ser objeto de informação, ao que não podemos dominar, dado que também não está disponível.

Está bem claro aqui que "fora do domínio da técnica" significa fora da linguagem da informação. Não parece bastante significativo que só a linguagem informativa seja exportável para as máquinas, seja "informatizada"? (Sem que ignoremos, imediatamente, que também se encontra poesia pela internet, o que digo aqui é que as máquinas não podem trabalhar com ela nem com a linguagem natural, e sim com a linguagem informativa. Caso as máquinas trabalhassem com os poemas, iriam tratá-los como informação.)

O cidadão conectado se sente muito informado quase só pelo fato de que tem disponível tão enorme quantidade de informação, a qual, além disso, se atualiza dia a dia. Mas aqui falta algo. Por acaso não é evidente que uma informação elaborada e pensada não é a mesma coisa que um dado? Já esquecemos que o raciocínio necessita de amadurecimento e que *dispor* de informação não é o mesmo que raciocinar? Além do mais, como temos tanta informação, parece que não seria necessário pensar, que tudo já estivesse dado e estabelecido. Mas o raciocínio, o pensamento, a reflexão... são palavras com as quais se tentou descrever esse processo, nunca rápido e fácil, pelo qual o homem se *forma*.

Enfim, recordemos o que foi dito nesse parágrafo: que a linguagem específica da era da tecnologia é a que tem que ver, por um lado, com *as mercadorias* e a *explicitação* e, por outro, com a *informação*. (À guisa de apêndice, caberia acrescentar a questão das linguagens técnicas e especializadas, para o que seria preciso estudar não apenas em que consistem a especialização e a conseqüente fragmentação do conhecimento em ciências experimentais – temática esta muito ampla e difícil – como também o que são as chamadas "ciências humanas e sociais". Aqui, às vezes, as situações aproximam-se do ridículo quando, sob termos tecnicistas, alguns "expertos" escondem não só sua falta de experiência e de senso comum, como sua desfaçatez. Oxalá o número dos crédulos não fosse tão elevado e as pessoas soubessem dar-se conta de todo o vazio que essas linguagens, aparentemente de expertos, escondem atrás de si.)

Este capítulo tinha por objetivo caracterizar a ciência e a técnica como visão predominante do mundo e da vida. Para isso falamos do sistema da tecnociência, de seu poder, do modo como esse sistema nos "revela" o mundo, e da linguagem que acompanha tal revelação. Tudo o que, mediante o cotejo, nos ajudará a avaliar melhor o que é específico do olhar atento ou da ética do respeito.

Análise do respeito e do olhar atento

> [...] desde crianças, aprendemos [que] algumas coisas que existem no mundo e que nos fascinam não devem ser tocadas, e, em seguida, comprovamos que é assim, por experiência própria; tomemos como exemplo as papoulas e as borboletas. O esplendor maravilhoso das asas destas, ao ser tocado, se desfazia em um pó fino de ocra avermelhada como ferrugem, e, na papoula, a pequena marca dos dedos infantis era como uma mancha negra. Não sei se há experiência mais pungente de destruição da beleza do que esta consciência infantil assim desolada [...] Porque a condição de podermos nos aproximar da beleza é um estado de delicadeza, com uma atenção respeitosa e pés descalços.
>
> Prólogo de José Jimenez Lozano ao livro de versos de Juan Massana, *Catedrales del Agua*.

A análise separa apenas provisoriamente e para esclarecer o que logo receberá ainda mais luz ao se tornar a unir. Com esse propósito, o presente capítulo consiste de uma análise do respeito, enquanto que o quinto capítulo é, mais propriamente, uma análise do que merece respeito.

Na análise do respeito trataremos sobretudo destes dois aspectos – definições – complementares: o respeito como *movimento de aproximação* e o respeito como *olhar atento*. Também aqui a análise separa o que está unido, pois a atenção é uma forma de movimento e pode ser estudada como tal.

O movimento do respeito

O respeito é um *movimento*, mas, evidentemente, não um movimento que deva ser entendido no sentido mecânico, como movimento local, ou seja, como deslocamento de um lugar para outro. A noção de movimento que serve para definir o respeito é mais rica e mais ampla que a mecanicista – ainda que também mais imprecisa – e se aproxima do que Aristóteles chamava *dýnamis*. Essa idéia incluiria o que poderíamos chamar "movimentos da vida"; assim, por exemplo, *eros* é um movimento (que não apenas faz com que os amantes se unam fisicamente); como também o são educar-se e dialogar...

Em que consiste o movimento que é o respeito? Um tanto paradoxal e, ao mesmo tempo, sumamente significativo de um aspecto importante da condição humana, o movimento do respeito é um *aproximar-se que guarda a distância*, uma *aproximação que se mantém a distância*.

Aproximar-se de algo é condição para poder apreciá-lo, pois, se a distância é muita e não se pode nem percebê-lo, o desconhece totalmente. Percebo as pessoas, as situações e as coisas, primeiramente, chegando perto delas: só com a aproximação percebo sua *singularidade*; só com o acercamento percebo seu valor; ao me acercar, tudo cresce, e não só de tamanho, pois a "grandeza" que posso chegar a perceber em alguém nada tem a ver com sua altura nem seu volume.

Ao ser um movimento da vida (e do "mundo da vida", como se diria em fenomenologia), o respeito é respeito pelo concreto, pois, propriamente falando, só posso me aproximar do concreto: de uma pessoa, com seu rosto único; de uma determinada situação... O respeitado pode ser distante no espaço e no tempo, ou até fazer parte de outro plano, mas se é entendido, o é como algo concreto e singular. Pode-se respeitar também o abstrato, mas sempre através do respeito ao concreto: assim, o respeito à humanidade depende do respeito às pessoas concretas, de carne e osso; o respeito à natureza depende do respeito a cada um de seus bosques e de seus rios... Conseqüentemente, convém não esquecer nunca essa estrutura do respeito no campo educativo, pois, do contrário e contra toda lógica, induz-se a respeitar termos abstratos grandiloqüentes sem conexão efetiva com o concreto, que é o único que pode ser objeto de experiência pessoal.

A aproximação do respeito não tem sentido utilitarista nem funcional. Não me aproximo para descobrir uma utilidade nem um benefício; pode até haver circunstâncias "contrárias" à utilidade, como, por exemplo, quando alguém, ao se aproximar de uma determinada situação humana, sente-se obrigado por dever moral, ou se lhe desperta o senso de responsabilidade. Em qualquer caso, o respeitado, precisamente porque é respeitado, não está disponível, nem é suscetível de ser utilizado.

Mas, com relação a este primeiro aspecto – a aproximação – a análise é considerada suficiente, uma vez que o movimento do respeito só permite uma dissecação momentânea entre aproximação e distância. O aproximar-se do respeito há de ser um aproximar-se mantendo a conveniente distância, e nisso consiste sua especificidade. O que foi dito linhas antes – de que só podemos apreciar as coisas nos aproximando delas – deverá ser realçado acrescentando-se que, para apreciá-las bem, a aproximação nunca será excessiva. Kant também ressaltou isso citando Savary, general de Napoleão que, ao recordar suas andanças na expedição ao Egito, comentava: "Não é preciso nem se aproximar muito, nem se afastar demais das pirâmides para experimentar toda a emoção de sua grandeza".[22] O que, traduzido para o tema do respeito, significa que só guardando a distância adequada é possível notar e respeitar o que deve ser respeitado.

Claro que no exemplo das pirâmides a distância de que se fala é uma distância física, e já antecipei que o movimento do respeito não é só local e nele, portanto, a distância tem também outra natureza. De outro modo, como se entenderia que algumas vezes manifestemos nossa intenção de nos *aproximarmos* de alguém?

Só mantendo alguma distância é possível perceber, e só guardando certa distância é possível respeitar; neste sentido, o respeito é uma *aprendizagem de como manter a devida distância*.

Notemos que a supressão da distância pode ser de signos muito diferentes: em um extremo, a união amorosa, e, em outro, a violência.

Ao manter a distância, o respeito se diferencia de ambas, mas, evidentemente, não da mesma maneira, pois acontecendo, portanto, que entre o respeito e o amor há certa familiaridade, por outro lado, não há nenhuma entre respeito e violência. A violência é a antípoda do respeito. Não deixa de ser significativo que a violência coincida precisamente com a *supressão de toda distância*. Há muitos tipos de violência, mas o denominador comum de todos eles consiste na existência de um tipo de força física ou psicológica que se exerce sobre alguém. A violação tem a mesma raiz que a violência, e um perfeito exemplo de violência é: uma força que "força" – valha a redundância – alguém a ter relações sexuais. A violência é a violação do outro, da pessoa do outro, em cada uma das suas dimensões: a violência sobre o corpo, sobre sua presença social, sobre seu espaço íntimo – sua intimidade –, sobre suas idéias ou suas crenças... De certo modo, a violência máxima é o homicídio e, na realidade, toda forma de violência é uma variação sobre esse tema, já que, definitivamente, se trata sempre de anular o outro, de diminuí-lo, de aniquilá-lo de mil formas e maneiras. Enquanto o homicídio coincide com a supressão de toda distância, a sutil distância que o respeito mantém faz com que seja o mais perfeito antônimo do homicídio.

Uma vez que me aproximei de algum outro – pessoa ou coisa – é mais esse outro que atua sobre mim do que eu que atuo sobre esse outro. Quando alguém se aproxima das coisas e, sobretudo, das outras pessoas, sua própria sensibilidade é aumentada, ou seja, a capacidade de ser afetado; o que se deve, ao menos em parte, ao fato de ter entrado na área de influência – de irradiação – daquilo de que se aproxima. A aproximação traz consigo um aumento da vulnerabilidade e real afetação. *Aproximar-se é achar-se comprometido*. Então, a aproximação do respeito nunca se pode resumir a uma função utilitária. Sabendo disso, não buscaremos na aproximação do respeito nem utilidade nem tranqüilidade, nem eficácia nem abrigo. Ao contrário, acontece – e disto também havemos de ser conscientes – que a aproximação é perda de segurança, de tranqüilidade e de domínio, e uma especial dádiva de inquietude.

Lévinas discutiu muito bem esse aspecto, descrevendo o que acontece quando o outro me olha: na proximidade do outro, seu olhar cai sobre mim imperiosamente. Na aproximação do respeito, perde-se segurança, rigidez e enraizamento para se converter em mais sensível – no sentido de aberto – e vulnerável. Por isso, para o que se acerca, a proximidade coincide paradoxalmente com uma perda de lugar (de posse, de propriedade, de firmeza...): "A proximidade não é um estado, um repouso, mas é, precisamente, inquietude, não-lugar, fora do lugar de repouso"[23]. Provavelmente, não faz falta chegar tão longe como faz Lévinas ao afirmar que no acercamento um se converte em "refém" do outro, porém essa idéia, bastante hiperbólica, é certamente boa para percebermos o que ocorre com a autêntica aproximação.

A distância que se guarda opõe o respeito à violência, mas distingue também entre o respeito e o amor. No amor se guarda menos distância que no respeito, ou *quase* não se guarda distância. O que poderia levar a considerar o respeito como uma forma de relação com o outro que fica a meio caminho do amor; como se o amor superasse a distância que estabelece o respeito e justamente por isso fosse o amor mais que o respeito. Se fosse visto apenas assim, pareceria que o respeito seria uma forma imperfeita de amor, ou algo que não chegara tão longe como chega o amor. Contudo, creio que se trata de duas formas distintas de relação, não separadas por uma questão de quantidade. São duas formas diferentes, mas não alheias uma à outra. Amar supõe também respeitar, ainda que respeitar não supõe necessariamente amar. A tentação e o perigo do amor (o que o estraga absolutamente) é o afã de apropriação e de domínio, isto sim é que é, efetivamente, a supressão de toda distância.

Eis aqui, pois, uma das chaves do respeito: a distância *justa*. É preciso estar muito atento para saber encontrá-la; não há medidas perfeitas que possam nos servir nem métodos de cálculo; em cada caso, seu achado dependerá de nossa capacidade de perceber e de responder. A distância adequada também era um problema no contexto do sagrado. A aproximação ao sagrado (ao que representava o sagrado) devia e deve ser exata: muita distância priva de perceber e de receber os efeitos do sagrado, e muita proximidade é um sacrilégio. Acontece com o sagrado absoluto o mesmo que com o fogo: queima se nos aproximamos excessivamente dele, não tem efeito se permanecemos muito longe. Entre esses dois extremos, está o fogo, que aquece e que ilumina.[24]

No respeito se excluem o solipsismo e a totalidade. Nem me aproprio do outro até destruí-lo (dando lugar a um só eu e *nada mais*), nem diluo licenciosamente meu eu em uma totalidade. Por isso o respeito é também consciência de minha finitude. Nem invasão do outro, nem dissolução em um outro ou no outro (chame-se este outro de natureza, sociedade...). *Respeitar o outro é assumir minha própria finitude*. Justamente porque há distância, há finitude. Por isso o respeito é um convite à reflexão sobre a condição humana como condição de finitude, e sobre a direção que é possível tomar nessa situação. Ou seja, o respeito às pessoas e às coisas, que, de certo modo, é inquietude e deslocamento de nosso lugar, é também fonte de sentido e de direção. Surge aqui outro dos fios que temos de puxar: respeito-finitude-direção-sentido.

Recapitulando: fica evidente, pois, que a proximidade de que aqui falamos não é mensurável como a distância entre dois pontos do espaço. Essa proximidade, mais que relação geométrica, é *condição* humana e é preciso entendê-la valendo-se da noção de aproximação, vizinhança, sensibilidade, olhar... Tal proximidade como condição humana é o resultado de um aproximar-se sem "tocar", sem manipular, sem subjugar, sem dominar... Aqui, aproximar-se é o oposto a ser indiferente ou permanecer ignorante a, e consiste em prestar atenção, reconhecer, considerar, olhar bem... Por sua vez, entram na devida manutenção da distância a contenção, o olhar (que exige perspectiva), a moderação, a discrição. Seu oposto é a apropriação, a violência, ou união orgíaca. Aproximar-se guardando a distância exata, tal é o movimento do respeito.

Apenas uma breve observação adicional: poder-se-ia pensar que a ciência avança dependendo de sua oportuna indiscrição ao romper barreiras e saltar distâncias. A ciência, com efeito, conseguiu superar muitos tabus. Daí não faltar quem acredite que a ciência não tem limites e que tudo cai ou cairá algum dia em suas redes, que tudo será objeto de exploração científica. A meu ver, a ciência – tal como a entendemos hoje – continuará colhendo grandes êxitos, mas algumas "zonas" importantes da experiência humana sempre resistirão a ela, tanto que todas as tentativas terminarão em fracasso. Porém, além disso, creio também que a pesquisa científica não tem por que ser vista como algo necessariamente incompatível com o respeito, o qual, no campo da ciência, não deveria desaparecer, e sim se transformar. Talvez agora sejamos, por fim, capazes de exercer um respeito mais reflexivo, menos mitológico, menos dependente de grandes cosmovisões e mais tocante às coisas mesmas: um respeito menos apegado à tradição e que expresse melhor o que nós mesmos tenhamos de respeitável.

O olhar atento: essência do respeito

Se bem que o movimento que acabamos de descrever seja uma boa maneira de caracterizar o respeito, creio que – como indiquei acima – a idéia que melhor esclarece seu sentido é o olhar atento. Diante dessa afirmação, talvez alguém contra-argumente dizendo que, para explicar algo tão elementar, não é preciso complicar a vida, pois decorre do senso comum que o respeito implique olhar atento. Ao que eu deveria responder confirmando que, de fato, se trata de algo de senso comum (paradoxalmente, demasiado escasso, ou seja, pouco comum) e que, não obstante, vale a pena, sim, complicar a vida; primeiro, porque no que se refere ao mais importante – e isso o é –, sempre somos uns principiantes; e, segundo, porque esse tema, onde o elementar se confunde com o profundo, está muito longe de ser esgotado. Até pode ter acontecido que, justamente por se tratar de um tema tão básico, não tenha sido objeto da atenção teórica que mereceria.

Para começar, fazendo uma ligação com o que foi dito sobre o movimento, não é que exista uma correlação perfeita entre os elementos do *olhar atento* e os da *aproximação e distância*, mas sim que há conexões bastante significativas entre eles. Uma distância mínima é, em geral, condição do olhar; o olhar conota distância, embora um excesso de distância certamente o impossibilite. Quanto à atenção, essa tem a ver com acercamento. Se o olhar implica certa distância, a atenção, por outro lado, supõe aproximação. Seria, pois, como se a atenção encurtasse a distância que o olhar requer.

A etimologia da palavra *respeito* nos garante que a aposta na idéia do olhar atento é uma aposta segura. A palavra latina *respectus* deriva do verbo *respicere*, que significa "olhar atrás", "olhar atentamente", "tornar a olhar". *Respicere* tem a mesma raiz que *spectare*, ver, olhar, contemplar. Evidentemente, encontramo-nos no universo do olhar: *spectaculum* é o que se olha, *respicio*, seria olho atentamente, e *respectus*, o resultado do olhar atento. Entendemos, assim, que o respeito tanto é o olhar como o resultado desse olhar.

Respeitar é esse olhar atento, esse "olhar em torno e para trás" no sentido de olhar duas ou mais vezes, de repetir o olhar, de olhar com cuidado e com especial atenção. O implícito, o que imediatamente se insinua, é que essa repetição vale a pena, que compensa olhar assim. Vale a pena porque temos a convicção de que, se olhamos bem, descobriremos o que é digno de ser levado em consideração. Convicção e promessa de que o esforço de olhar dessa maneira não é em vão já que o que nos rodeia guarda o que é digno de ser levado em conta, o valioso, o que talvez possa nos orientar em nossa vida.

Mais um esclarecimento: na idéia de *olhar atento*, o essencial é a atenção e, em certo sentido, a atenção já inclui o olhar. E, não obstante, nas análises seguintes vamos proceder nos concentrando primeiro no olhar e, em seguida, na atenção.

O *olhar do olhar atento*

Os sentidos nos abrem o mundo. Entre eles, o da visão costuma ser considerado, ao menos no Ocidente, como o mais poderoso de todos. Hoje sabemos que são ondas da luz que chegam à visão, mas, para ressaltar seu papel ativo e penetrante, a visão foi muitas vezes caracterizada não como receptora, mas como fonte e foco. Por exemplo, no século IX, um pensador do porte de Juan Escoto Eriúgena, escreveu: "Quem pode ignorar que o olho é uma parte corporal e úmida da cabeça, pela qual a visão emite do cérebro algo parecido com uns raios, através da *méninx*, ou "membranita"? A *méninx* recebe, efetivamente, a natureza de luz do coração, sede do fogo".[25]

E, justamente por sua potência, a filosofia ocidental, diferentemente de outras tradições culturais, privilegiou o sentido da visão preferindo-o em relação aos demais. Daí surgirem contrastes tão interessantes como o da filosofia grega e a tradição judaica, a qual, desde suas origens, esteve especialmente vinculada à audição e à palavra. A verdade judaica se escuta; a grega, se vê, se intui; a sabedoria judaica depende da escuta e da obediência, enquanto que a sabedoria grega depende da intuição, do olhar e da lucidez.

O olho, órgão fisiológico da visão, converteu-se em figura e símbolo indiscutível desse sentido sapiencial e, inclusive, da inteligência. Em muitas ocasiões se disse que o olho é como a "janela da alma". Merleau-Ponty escrevia: "O olho realiza o prodígio de abrir a alma ao que não é a alma, o bem-aventurado domínio das coisas e seu deus, o sol".[26]

Mas, devido ao seu poder, em lugar de janela, a visão pode se converter em esquema de apropriação e de domínio. Por enquanto, o que é certeza é que a visão é um convite e, eventualmente, um desafio à ação: o "eu vejo" equivale em seguida a um "eu posso". O que olho, incorporo *ipso facto* a meu campo de ação. No mínimo, parte do que vejo se me oferece "à mão" (em terminologia heideggeriana). Em um sentido ainda mais radical: para que algo possa se converter em útil, em *prágmata*, tem que estar ao alcance da mão e é a visão que realiza a função de nos aproximar das coisas. O tato, com sua capacidade manipuladora, é, aqui, um aliado da visão. De modo que não nos deve surpreender que se tenha afirmado que *a visão é o princípio da técnica:* "Toda técnica está fundada na visualização e implica em visualização".[27] A visão é o órgão da eficácia. Como, sem ela, passaria o fio pelo buraco? Acaso não são os planos das diferentes construções e aparatos o exemplo emblemático do que se desenha para, medindo com precisão e vendo-o convincente, garantir o resultado? Efetivamente, sem imagem visual a ação é cega e incerta.

Dito isso, o terreno pareceria preparado para requerer a revisão dessa primazia da visão em nossa tradição cultural ou até para traçar o início ou o acesso a uma tradição diferente. Contudo, além de caberem sérias dúvidas de que mudanças desse tipo sejam verdadeiramente possíveis e não se reduzam, ao invés, a uma ou outra declaração de intenções ou à superficial proposição de modelos culturais alheios, a tese deste livro é a de que a reflexão verdadeiramente possível é uma que pertence ao universo do olhar. Com efeito, sem sairmos da civilização do olhar, podemos aquilatar outra dimensão dela, uma dimensão que nos leve mais ao espanto que ao domínio, mais ao respeito que à redução ao mero recurso. A visão é, sem dúvida, o sentido da eficácia, mas é também *o sentido do respeito*. Embora até certo ponto, como disse Ellul, entre outros, a palavra tenha sido humilhada na civilização da visão e da imagem, é inegável que as coisas poderiam ter sucedido de outra maneira. Não há por que confrontar a palavra com a visão, podendo-se, de preferência, apostar numa aliança entre ambas. O olhar atento está muito perto tanto da palavra como da escuta. A atitude respeitosa está sempre pronta a escutar.

Devemos, porém, aprender a olhar.

Aprender a olhar para poder ver

> *É verdade que o mundo é o que vemos e, contudo, temos que aprender a vê-lo.*[28]

Muitas vezes, do contraste da visão com a audição, se passa em seguida para o contraste entre a imagem (o que se vê) e a palavra (o que se escuta), para logo insistir que, enquanto a imagem nos dá tudo pronto, a palavra exige muito mais de nossa parte. Enquanto a imagem nos afeta deixando-nos, mais propriamente, passivos, a palavra nos interpela. Mas, na realidade, esse contraste tem algo de simplista, sobretudo porque, ao falar de imagem, se pensa quase exclusivamente na imagem em uma tela (a chamada "civilização da imagem" seria mais bem denominada "civilização da tela"). Pois bem, embora cada vez menos, ainda podemos ver coisas que não aparecem nas telas. Mas, para isso, temos que nos aplicar, pois o mundo se mostra para nós, mas não automaticamente. No fundo, depende de nós que ele se nos mostre e, para isso, temos que *aprender a olhar*. Só assim, aprendendo a olhar, se mostrará o que pode chegar a mostrar-se. "Na verdade, o que pede o pintor à montanha? Que revele nada mais que os meios visíveis pelos quais se faz montanha diante dos nossos olhos".[29]

Poder-se-ia expressar quase a mesma coisa de outra maneira. Se o sentido desse, imediatamente, a imagem do que vemos, bastaria olhar. Mas, posto que não é assim, é preciso insistir no caminho que nos leva a *olhar bem*, o que significa: *a interpretar bem o que se nos mostra*.

Contudo, ainda é mais fundamental – e principal – aprender a olhar e também a ver. O principal é olhar: se não se olha bem, não se vê. A visão está sujeita ao movimento. Não se vê se não se olha. "Para ver claramente – dizia Saint-Exupéry – basta mudar a direção do olhar". O olhar está mais ligado ao órgão da visão, embora aqui, como já antecipei, o ampliamos também ao olhar da alma, ou da mente.

É possível olhar sem ver. Como disse Wittgenstein em suas *Investigaciones filosóficas*: "'Olhou-a sem vê-la'. Isto acontece, mas qual é o critério para isso? Há, justamente, todo tipo de circunstâncias".[30] Alguém pode mover a cabeça, junto com todo o seu corpo e até mesmo ao menos aparentemente, dirigir o olhar e, contudo, não ver nada, ou praticamente nada, do que poderia ver.

Como se aprende a olhar? Aprende-se a olhar, olhando, assim como se aprende a pensar, pensando. O exercício é o primeiro mestre. Donde se pode dizer que não se aprende a visão senão de si mesma.

Quando, seja por que motivos, essa capacidade foi mal exercitada ou está sujeita a diversas distorções, aprender a olhar significa olhar de novo, como se as coisas aparecessem pela primeira vez à luz do sol. Aprender a olhar significará também deter-se no simples e no habitual. O olhar humano mais penetrante é o que detecta o caráter extraordinário do mais comum. "Queira Deus permitir ao filósofo penetrar naquilo que está diante dos olhos de todos",[31] escrevia Wittgenstein, ao que, na suposição de que nessa frase se faça um uso restrito da palavra "filósofo", caberia acrescentar: "e não só ao filósofo".

OLHAR E SER VISTO: O MUNDO QUE OLHA

> *O enigma reside em que meu corpo é, ao mesmo tempo, vidente e visível. Ele, que olha todas as coisas, também pode se olhar.*
> M. Merleau-Ponty, *El ojo y el espíritu*

> *Doçura de ver e admirar, orgulho de ser admirado: tratam-se de relações humanas, ativas, em ambas as direções, na nossa admiração do mundo.*

> *O mundo quer se ver, o mundo vive em uma curiosidade ativa com olhos sempre abertos. Unindo sonhos mitológicos podemos dizer: O Cosmos é um Argos. O Cosmos, soma de belezas, é um Argos, soma de olhos sempre abertos. Assim se traduz ao plano cósmico o teorema do sonho da visão: tudo o que brilha vê e não há nada no mundo que brilhe mais que um olhar.*
>
> Bachelard, G. *A poética do devaneio.*

> *olho que vê não é olho porque tu o vês; é olho porque te vê.*
> A. Machado

A penetração do ver pode chegar a "extremos": perceber o mundo que olha!

O olhar me converte em centro do mundo, pois me situa no ponto de onde o vejo todo, e tudo resulta relativo ao ponto do qual o vejo. Talvez não tenhamos refletido o suficiente sobre essa obviedade, ou seja, sobre o fato de o olhar nos converter em centro do mundo. Parece-me que isso, que é inevitável, teria que ter certa correção. Não que se deva anular (que preço pagaríamos pela anulação da pessoa?), mas sim corrigir. Primeiro, com a certeza de que, para as demais pessoas, o centro também coincide com elas mesmas e, segundo, com a idéia de que o mundo que olhamos também pode, de certo modo, olhar-me. Este exercício, que tem algo de raro e inquietante, não anula minha centralidade, mas a realça aludindo apenas a uma possibilidade (não a um fato). O inquietante dessa hipótese é expresso num episódio da juventude de Lacan, narrado por ele:

> Um dia, estava em um pequeno barco com umas poucas pessoas, membros de uma família de pescadores de um pequeno porto [...] quando esperávamos o momento de puxar as redes, o tal Petit-Jean [...] me mostrou algo que estava flutuando na superfície das ondas. Era uma lata, mais precisamente, uma lata de sardinhas. Flutuava sob o sol, como testemunho da indústria de conservas a qual,

quanto ao mais, nos cabia abastecer. E Petit-Jean me disse – *Vês essa lata? Estás vendo? Pois bem, ela não te vê!* O curto episódio lhe parecia muito engraçado, a mim, não tanto. Quis saber por que não me parecia tão engraçado. É sumamente instrutivo. Em primeiro lugar, se há algum sentido em que Petit-Jean me diga que a lata não me vê, deve-se a que, de certo modo, apesar de tudo, ela me olha. Olha-me ao nível do ponto luminoso, onde está tudo o que me olha, e isto não é uma metáfora".[32]

Este episódio nos sugere algo muito similar ao que contava o pintor Paul Klee: "Em um bosque, muitas vezes senti que não era eu quem olhava o bosque. Em alguns dias senti que eram as árvores que me olhavam".[33]

Não creio que seja preciso ressuscitar nenhum animismo para ter uma visão mais rica da complexidade do mundo: se é verdade que sou eu o centro enquanto centro de percepção, também o é que me dou conta de outros "centros" de percepção a que chamo de pessoas, e de outros, como os animais, que também dispõem de diferentes capacidades perceptivas, e como as plantas que, enquanto vivas, são sensíveis ao seu entorno. Mais ainda, a própria matéria, que qualificamos de "inerte", interage conosco e nós com ela, para o que não é necessário seguir a teoria leibniziana da percepção universal, pois é suficiente – ainda que tampouco seja simples! – ser receptivo às conotações da teoria quântica sobre a interação das partículas elementares.

Enfim, com esses e muitos outros episódios que poderiam ser cotejados, só se pretende aqui recomendar que agucemos o olhar, que nos esmeremos no perceber. Paradoxalmente, quando alguém olha atentamente, tanto pode se aperceber de sua centralidade como da própria pequenez.

O ato de prestar atenção e sua espiral

Aprender a olhar é, fundamentalmente, aprender a prestar atenção. É comum dizer-se: "Se prestas atenção, verás que....". Tal é a chave: prestar atenção é condição e caminho até dar-se conta, até ver ou notar algo.

Mas o que é a atenção? Poder-se-ia caracterizá-la quase como o fizemos com o olhar. Como o olhar, a atenção é um foco. "Costuma-se comparar a atenção com uma luz que ilumina", escrevia Husserl,[34] que também utilizava figurativamente a expressão "olhar do espírito" e a de "raio visual", referindo-se a se dirigir o eu até alguma coisa e se desviar dela em direção ao que estava voltado antes. A atenção pode, por exemplo, passar de prestar atenção em algo do mundo exterior para se ocupar de um assunto de consciência, e pode também mudar em sentido inverso. A atenção se desloca, pois, e é, portanto, também um movimento. O âmbito de seus traslados é o que se chama o campo da consciência: "A atenção se dilata sobre uma esfera que chega até onde chegue o conceito de *consciência de algo*".[35] Não se trata, porém, apenas de uma coincidência ambiental, e sim que há uma estreita relação entre o estar atento e o ser consciente. Para ser consciente de algo, requer-se uma atenção mínima, e não há atenção sem consciência; de modo que são, por assim dizer, dois aspectos da mesma coisa. Merleau-Ponty explica:

> Para tomar posse do saber atento basta voltar a si, no sentido em que se diz que volta a si um homem que desmaiou. De modo recíproco, a percepção não atenta ou delirante é um supor, um semi-sono. Só pode ser descrita com negações, seu objeto precisa de consistência; os únicos objetos de que se pode falar são os da consciência desperta.[36]

A atenção é uma espécie de atividade ("prestar ou por atenção"; atividade de focalizar e de selecionar), mas também um estado ("estar atento, vigilante..."). Como estado, contrasta com outras maneiras de estar: disperso, sonolento, distraído. William James, um dos fundadores da psicologia moderna, explicava-o muito bem desta maneira:

> De sua essência são a circunscrição, a concentração da consciência. Implica deixar de lado certas coisas para poder se ocupar de outras com mais efetividade, e é uma condição que tem uma oposição verdadeira no estado confuso, ofuscado e aturdido, que em francês recebe o nome de *distraction* e, em alemão, de *Zerstreutheit*.[37]

A atenção é uma saída do estado preexistente de certa dispersão, de sonolência, ou de imersão no fluxo das coisas. Se consideramos a idéia de sonolência, a atenção é um despertar; mas se consideramos as de dispersão, distração e fluxo, então a atenção é uma atividade própria, um esforço que consiste em deixar o movimento impessoal, em sair do fluxo, para *deter-se*. Contudo, sair da corrente para deter-se custa mais do que parece. Deixamos-nos levar e rapidamente nos habituamos à ausência de esforço e à comodidade que isto supõe.

E, certamente, deter-se não é vacilar. É a condição de possibilidade da atenção. Só ao nos determos podemos perceber ou, ao menos, perceber com precisão. Para nos darmos conta do "avanço" do sol, ou do ritmo de nossa própria respiração, é preciso parar. Curiosamente, essa quietude nos converte em visionários. Não vê mais quem corre mais ou quem mais se move, mas sim o mais capaz de se deter; algo que, em nossa sociedade cada vez mais acelerada, podemos experimentar com muita intensidade nas poucas vezes que conseguimos nos impor alguma pausa. Como passamos a maior parte do tempo imersos de mil maneiras no impessoal, quando saímos do fluxo, de início, nos descobrimos desconcertados — não é bastante sintomático que custe tanto suportar a solidão e o silêncio? — *mas logo começamos a ver...*

E, sem dúvida alguma, para isso não é preciso que nos detenhamos em nenhum lugar especial. Nesse sentido, todos os lugares são privilegiados: no cotidiano repousa o profundo. Tampouco é preciso viajar a lugares recônditos e exóticos. Quem não é capaz de descobrir o surpreendente e o belo em seus ambientes habituais, tampouco será capaz de vislumbrá-lo em terras longínquas. Quando, em *Ser e tempo*, Heidegger analisa o modo de ser do "estar à mão", escreve: "A manualidade prévia de cada região possui um sentido ainda mais originário do que o ser do manual, a saber, *o caráter de familiaridade que não causa surpresa.*"[38] O que me interessa sublinhar neste texto de Heidegger é precisamente que as "regiões" (embora também as "coisas") que nos rodeiam e que têm para nós um caráter familiar não nos chamam a atenção, o que significa que a familiaridade (e também o hábito, a rotina...) nos acomodam em certa desatenção e nos levam a nos dispersarmos entre as coisas. Isso acontece assim porque, provavelmente, procedendo desse modo, não nos cansamos tanto, não gastamos nossas energias e, portanto, gostamos de nos deixar levar. Tudo isso nos chama a atenção para os perigos da cotidianidade, os mais graves dos quais são os relacionados com o que já não percebemos, justamente pela falta de atenção em que a cotidianidade nos coloca. Mas – como dizíamos – mesmo nela é possível a inflexão; também na rotina do cotidiano é possível parar e, então, o simples e comum do familiar pode se mostrar a nós em toda sua estranheza e profundidade.

Depois das possibilidades de despertar e de parar, examinaremos agora a de *receber*, ou, melhor dizendo, a de esvaziar-se para receber. Ainda que essa idéia contraste com a imagem da atenção como foco de luz, não é incompatível com ela dizer que a atenção é como um aguçar e ampliar nossa capacidade de perceber. Para receber é preciso contar com um espaço livre e muita flexibilidade na forma de sua abertura. Senão, como vai poder entrar o outro? A atenção, com efeito, e contra o que muitas vezes se pensa, nada tem a ver com a rigidez. A rigidez, seja de que tipo for, é um obstáculo para a percepção. E, paradoxalmente, esse mal-entendido abunda especialmente no âmbito educativo. Segundo Simone Weil:

> Para prestar verdadeira atenção, é preciso saber como fazê-lo. Muito freqüentemente se confunde a atenção com uma espécie de esforço muscular. Se se diz aos alunos: "Agora prestem atenção", vê-se que eles irão franzir as sobrancelhas, prender a respiração, contrair os músculos. Se, passados alguns minutos, se perguntar a eles ao que estão prestando atenção, não serão capazes de responder. Não prestaram atenção a nada. Simplesmente, não prestaram atenção, contraíram os músculos.[39]

O esforço da atenção não consiste em nenhuma contração muscular. A atenção é uma tensão (prestar atenção a algo se parece com a ação de tensionar o arco), mas essa tensão não é a rigidez muscular (pelo que não resulta muito verossímil a famosa escultura *O pensador*, de Rodin: parece estar pondo todo seu esforço em manter a tensão de seus músculos). É outro tipo de tensão a que vai entrar em jogo na atenção e, em qualquer caso, há de ser uma tensão flexível como o arco que flecha.

Junto à flexibilidade e à tensão, esvaziamento. É preciso levar a cabo um esvaziamento e desapego em relação a si mesmo; há de suspender o pensamento para deixá-lo mais disponível e penetrável... soltar o lastro (pelo menos, momentaneamente) de tudo o que nos acompanha e, desse modo, descentrarmos-nos, sairmos de nosso lugar. A atenção requer que nem nos diluamos no impessoal, nem nos instalemos obstinadamente no conveniente, nem tampouco que nos cumulemos de fáceis garantias. É preciso evitar a diluição em um todo, porém, por sua vez, é preciso que nos abandonemos um pouco para sermos nós mesmos mais autenticamente. O ato de prestar atenção é um tanto paradoxal: o esforço requerido por parte do sujeito não supõe aumento de seu estar presente, mas, de preferência, seu despojamento ou esvaziamento e sua abertura para o outro. A intensidade subjetiva da atenção está em dispor o espaço para o recebimento, ou então permitir entrada ao objeto considerado, a aquilo em que se focaliza a atenção. De modo que o ato de não prestar atenção suficiente é, definitivamente, manter-se fechado ou ainda demasiado impenetrável à influência do outro. Nesse aspecto, são especialmente ilustrativas as considerações sobre como se deve olhar os quadros (ou seja, como se deve estar atento a eles) que C. S. Lewis nos oferece em seu ensaio sobre a experiência da leitura. Ao olhar um quadro, diz Lewis, a maioria de nós, freqüentemente, faz uma espécie de "uso" dele, que dizer, fazemos algo com ele ao invés de nos abrirmos para que o quadro faça algo conosco. E, sobretudo, usamos os quadros quando não lhes prestamos a devida atenção:

> Não devemos soltar nossa própria subjetividade sobre os quadros, fazendo destes seu veículo. Devemos começar deixando de lado, dentro do possível, nossos preconceitos, nossos interesses e nossas associações mentais. Devemos criar terreno para o *Marte e Vênus*, de Botticelli, para a *Crucificação*, de Cimabue, despojando-nos de nossas próprias imagens. Depois desse esforço negativo, o positivo: devemos usar nossos olhos. Devemos olhar e continuar olhando até que tenhamos visto exatamente o que temos

diante de nós. Nos colocamos diante de um quadro para que ele faça algo conosco, não para fazermos algo com ele. O que toda obra de arte exige é, antes de tudo, uma entrega. Olhar. Escutar. Receber. Afastar a si mesmo do caminho.[40]

Nessa passagem se descreve bem o que significa prestar atenção: "Olhar e continuar olhando até que tenhamos visto exatamente o que temos diante de nós" e, ao mesmo tempo, *receber*. Lewis disse isso tanto da pintura como da literatura. Em todos os exemplos que oferece, adverte que, efetivamente, só com a verdadeira atenção o indivíduo ultrapassa a si mesmo e, portanto, pode aprender. Assim, a atenção se apresenta como uma luta contra o ensimesmamento. Não há luta que acabe sendo tão frutífera como esta. Desse ponto de vista, entende-se também que a falta de atenção implica falta de respeito. O indivíduo que se volta exclusivamente para si mesmo, para as próprias idéias e interesses, para as próprias opiniões e desejos, torna-se incapaz de receber o outro e, portanto, de respeitá-lo.

É preciso insistir na questão da flexibilidade. Há um tipo de atenção que, afinal, é apenas aparente e, de fato, impossibilita perceber. É importante notar que não há modelos nem padrões para se definir a atenção. A imagem de foco é provavelmente uma boa imagem, mas também o são as idéias de flexibilidade e de recebimento. O foco nos convida a pensar em concentração, em apontar para algo concreto e determinado; em compensação, o recebimento pressupõe a abertura ao outro. Poderia acontecer, então, que certa concentração fosse pouco flexível e permitisse pouca abertura para o outro? Creio que não devemos renunciar a nenhuma das duas imagens, já que ambas nos mostram a riqueza da atividade atentiva. Ocasionalmente, para observar será necessário focalizar; em outras ocasiões, será preciso abrir-se. Às vezes acontece uma atenção quase sem objeto que, ainda assim, me mantém aberto, desperto em relação ao que me rodeia e às suas exigências; por outro lado, outras vezes a atenção é muito mais dirigida, olhando e examinando algo concreto. Em algumas ocasiões, com muita abertura não se percebe nada; em outras, com enfoque excessivo, tampouco. Até poderia suceder que a ótima atenção fosse um equilíbrio entre uma e outra das formas mencionadas, e que qualquer excesso de uma delas diminuísse nossa capacidade de ver.

Em qualquer caso, isto sim, há de haver sempre flexibilidade. Mesmo na focalização é preciso se desfazer das pressões, das pressas e, acima de tudo, dos esquemas prefixados. O ímpeto excessivo de prestar atenção tem um efeito totalmente contrário ao desejado. A melhor atenção procede de certa serenidade. A atenção não é a fixidez de espírito, com que esse se crava, por assim dizer, nos objetos, mas sim uma aplicação suave e serena. Estou tão longe de considerar a atenção como abstração rigorosa e contínua que, muito ao contrário, incluo no número dos distraídos não só os aturdidos, mas também os ensimesmados. Uns e outros necessitam da atenção apropriada. A atenção deve ser firme, mas suave. Convém trabalhar para adquirir a flexibilidade suficiente para passar de uns objetos para outros, de acordo com a exigência do curso das coisas. Este é o segredo: conseguir uma atenção firme sem dureza, e flexível sem frouxidão.

Agora já é possível entender se falo dos benefícios da atenção. Não se trata de ganhos materiais que possam se acumular, mas de benefícios para a própria formação. O conhecimento propriamente dito procede de um olhar atento e sistemático na direção adequada. A paciência em observar é caminho que leva a importantes percepções e descobertas.

Também já dissemos que a atenção se aprende com o exercício: atentar é um hábito. E se aperfeiçoa com o exercício constante. O esforço de hoje pode dar seus frutos amanhã e em algo totalmente imprevisível. A reflexão de Weil sobre esse ponto também é importante:

> Se se procura com verdadeira atenção a solução de um problema de geometria, e se depois de uma hora não se avançou nem um pouco, certamente, no entanto, durante cada minuto dessa hora, avançou-se em outra dimensão mais misteriosa. Sem senti-lo, sem sabê-lo, esse esforço, aparentemente estéril e infrutífero, levou uma luz até a alma. O fruto será encontrado algum dia, mais adiante, na oração. E também será encontrado, sem dúvida, em um domínio qualquer da inteligência, porventura

completamente alheio às matemáticas. Talvez, um dia, o protagonista desse esforço ineficaz poderá, graças a ele, captar mais claramente um verso de Racine."[41]

Por isso Weil pensa que o objetivo fundamental da educação deve ser justamente exercitar a atenção.

A agudeza da atenção tem um campo ilimitado de aplicações. Não apenas serve para perceber determinados aspectos da realidade física, como é também aplicável à dimensão moral da condição humana. Será capaz de informar o que se relaciona com a beleza, ou com a eficácia técnica, e também o que diz respeito à bondade ou à justiça. Ao olhar atento se revelam os valores das coisas e das ações, até o ponto de compreender que o que é justo ou o que é bom se impõe por si mesmo. A pintura pretende ser apreciada como bela; a ação justa pretende ser preferida a uma mentira...

O fato de a atenção ser fundamental para o sentido de moralidade não impede que possa se manter depois a conveniência ou a força da argumentação moral. O que acredito – e me parece que nisso concordo com Rousseau, entre tantos outros – é que algo muito importante do senso moral não se deriva de um exercício amplo e custoso da razão. Sem entrar agora no mérito de se Rousseau se contradisse ou não ao escrever sobre isso, aqui só me referirei brevemente ao que ele disse em seu *Discurso sobre a origem e os fundamentos da desigualdade entre os homens.*[42] Fala da piedade, entendendo-a como aversão a ver outro ser vivo sofrer, e a considera um sentimento natural de que inclusive os animais dão sinais, às vezes. Esse sentimento, sublinha Rousseau, é anterior ao exercício da razão e, portanto, não resulta dela. Isso quer dizer que, com efeito, não é que depois de amplas digressões eu tenha chegado à conclusão de que devo sentir repulsa diante do sofrimento alheio, e sim que experimento esse sentimento de forma espontânea ou natural. Pois bem, me pergunto: é esse um sentimento para o qual não se requeira uma atenção mínima? O próprio Rousseau, criticando ao filósofo que, escondido em sua casa, "não tem mais que tapar os ouvidos e argumentar um pouco" para ignorar que abaixo de sua janela estão degolando alguém impunemente, acerta em cheio o cerne da questão: esse suposto filósofo não nota o que o rodeia, não presta nenhuma atenção, ao invés, utiliza o exercício da razão abstrata para se evadir e se distrair. Sarcasticamente, Rousseau continua: "O homem inculto não dispõe de talento tão admirável", referindo-se, é evidente, não à capacidade de notar, mas à de desconsiderar para melhor se evadir. É certo que o homem inculto não conhece nenhuma teoria ética, mas, em compensação, possui sim a capacidade para observar, para olhar bem, e justamente isso é, sem dúvida, o mais importante. O homem culto, por outro lado, pode estudar e conhecer sistemas de filosofia estupendos e teorias morais fantásticas e, não obstante, ter atrofiada ou voluntariamente desperdiçada sua capacidade de entender, ou seja, de se contatar com o mundo que o rodeia.

Tapar os ouvidos, não olhar pela janela e começar a divagar, é essa a maneira pela qual o pseudofilósofo deixa de prestar atenção à sua situação. Interessa-me ainda mais a reflexão de Rousseau, porque nela fala da filosofia (da falsa filosofia), como o que *isola* das coisas e dos outros. Essa filosofia é a que produz a inatividade do sentimento natural de piedade, desconectando-nos do mundo, enquanto que, em compensação, o que a atenção faz é nos conectar com o mundo, com a densidade do mundo, com a novidade do mundo – como diria Arendt. A atrofia do senso moral acontece com a atrofia de nossa capacidade para estar no mundo e apreciar sua contínua mudança.

No meu entender, Arendt está totalmente certa quando afirma que uma das características importantes do sistema totalitário consiste em sua prática identificação de *controle, segurança, falta de novidade* e *repúdio do mundo*. O que acontece com o homem massificado nos regimes totalitários é algo parcialmente ligado com as distrações dos pseudofilósofos: seu conhecimento e sua visão das coisas tendem a não ser regulados pela experiência, pelo contato com a realidade, pelo choque com a realidade do mundo, mas somente pela coerência de uma "ideologia". A massa abandona a realidade, abandona o mundo, porque a inovação é conatural ao mundo e a coerência da teoria é mais confortável e mais segura que se defrontar continuamente com a novidade do mundo e suas exigências. O isolamento é a vida sem mundo e sem identidade: "O eu e o mundo, a capacidade para o pensamento e a experiência, se perdem ao mesmo tempo".[43]

Há muitas maneiras de se isolar, umas mais sofisticadas que outras. Existem, de fato, teorias (ou seria melhor dizer aqui "ideologias", no pior sentido desta palavra) que nos isolam do mundo e de suas exigências, sob o pretexto de nos confortar debaixo de seu telhado.[44]

Em termos husserlianos, diríamos que a ideologia esvazia o sentido da vida inerente ao mundo e absolutiza a relação lógica. Um indivíduo pode assumir esta última, assim de maneira independente, sem que intervenha nisso sua capacidade de reflexão, nem sua experiência do mundo. *A relação lógica pode se realizar em um indivíduo sem pensamento e sem mundo.*

A atenção nos conecta com o mundo e essa conexão é a melhor vacina contra dogmatismos, *slogans*, ideologias e linguagens, aparentemente técnicos, mas, na realidade, vãos. Tal conexão é também o que salvaguarda o sentimento moral de sua atrofia. À falta de conexão com o mundo, à falta de experiência das coisas e dos outros, tudo tente a ser artificioso; as palavras já não dizem das coisas, minhas frases já não respondem a nada nem a ninguém (pois já não se é capaz de escutar, nem de se sentir interpelado, nem de se aperceber das exigências de cada situação); as teorias já não buscam a orientação e o sentido, e sim a evasão, o jogo ou a segurança.

O que pretendo com essas considerações é, por um lado, indicar o paralelismo que há entre o papel que dou à atenção e o que outros autores, como Rousseau ou Scheler, deram ao sentimento moral, e, por outro lado, mostrar a estreita relação entre atenção, contato com o mundo e reflexão; relação que é também absolutamente relevante na dimensão moral.

O passo seguinte consiste em perguntar sobre o que leva à atenção ou, pelo menos, o que a favorece: caminhos, *métodos*, em direção ou a favor da atenção. Esse assunto é importante, pois, mesmo que não se trate de algo sistemático e exaustivo, ao colocar em questão algumas experiências e alguns processos, afastamo-nos de um intuicionismo gratuito e frustrante. Nos próximos três parágrafos trato de: admirar (e espantar-se), perguntar (e examinar), e de dialogar.

Atenção, admiração e espanto

> *O ponto mais alto a que o homem pode chegar é o espanto.*
> Goethe

Ninguém se esquece de que, efetivamente, aprender a olhar e prestar atenção estão muito relacionados com a capacidade de se espantar e admirar.[45] É uma experiência que tem seu primeiro referente nos olhos abertos e olhar espantado da criança diante das cores, formas e movimentos do que a rodeia. A maravilha do mundo se revelando, mostrando-se a um olhar capaz de espantar-se. Capacidade essa que não deveríamos perder jamais, porque o motivo fundamental do espanto diante do desvelamento do mundo permanece sempre. É sabido que Platão e Aristóteles já entendiam a capacidade de filosofar como originária da capacidade de admirar-se. No *Teeteto*, Sócrates se dirige a seu interlocutor dizendo-lhe que "este sentimento de admirar-se é muito próprio do filósofo, pois a filosofia não tem outra origem senão esta".[46] E é de Aristóteles esta conhecida passagem: "Pois os homens começam e começaram sempre a filosofar movidos pela admiração; no princípio, admirados diante dos fenômenos surpreendentes mais comuns; em seguida, avançando pouco a pouco e colocando-se problemas maiores, como as mudanças da lua e os relativos ao sol e às estrelas e ao nascimento do universo. Mas aquele que se coloca um problema e se admira reconhece sua ignorância".[47] Acentuemos que Aristóteles ponha juntos o "colocar-se um problema" e o "admirar-se". Ambos são caminhos que concentram a atenção e levam ao conhecimento. O problema, quer dizer, o obstáculo que se deve superar é a condição para que aconteça o movimento ou a inquietude cognoscitiva.

Como vivemos na chamada *sociedade do espetáculo*, é conveniente que façamos uma distinção entre o espanto mais autêntico e o espanto pré-fabricado através de estratégias comerciais e de espetáculos de massa. Seria paradoxal que uma apologia do espanto, como a nossa, se somasse a toda pirotécnica dinâmica do espanto de nossa sociedade consumista. É preciso distinguir entre o admirar-se ante o valioso e o espantar-se ante o vistoso,[48] entre a admiração saudável e a admiração estúpida do *homo videns*. *Estúpido* é o indivíduo a quem praticamente tudo lhe produz estupor. Descartes nos chamava a atenção para algo assim: "Porém acontece que admiramos demasiado e nos espantamos vendo coisas que são pouco ou nada dignas de consideração, muito mais vezes do que as admiramos demasiado pouco".[49]

Deste modo, a avidez por novidades também não tem nada a ver com a admiração autêntica, mas sim, justamente, com a mentalidade consumista que a tudo converte em evanescente e necessita de contínua reposição, e com a fuga, para se distrair, como conseqüência de não poder assumir serenamente a própria finitude. A avidez por novidades oculta – intenta encurralar – a incapacidade de fazer frente à nossa própria condição.

Certamente, é muito natural e legítima a admiração do verdadeiramente grandioso e do espetacular, assim como do inabitual e do imprevisto, porém onde melhor se mostra a agudeza do olhar e a capacidade da atenção é no admirar-se ante o mais comum. Não deveria ser necessário presenciar acontecimentos "extraordinários", nem assistir a espetáculos esplêndidos, para sentir admiração. O admirável reside igualmente no que nos rodeia em nossa vida cotidiana. Equiparar-se com o pequeno e espantar-se com o simples é sinal da maior clarividência. Mas para isso é preciso cultivar a atenção.

Convém também distinguir entre o *admirar-se* e o *admirar a*. O primeiro coincide com o espanto, a surpresa, a maravilha, a estranheza, o pasmo... O segundo, em compensação, com o reconhecimento de alguma excelência própria de uma pessoa, um ato ou uma instituição. Poderíamos chamar o primeiro de admiração teórica, e o segundo, de prática; a primeira, especulativa, e a segunda, moral. Ocasionalmente, se relacionou a segunda com a inveja e com o ressentimento; daí Nietzsche falar de uma admiração ainda inocente: "Existe uma inocência da admiração: tem-na aquele a quem ainda não ocorreu que também ele poderia ser admirado alguma vez".[50] Deixando para outra ocasião as sempre instigantes pesquisas nietzscheanas, fiquemos, no momento, com esses esclarecimentos conceituais mais modestos.

Uma terceira distinção que cabe ser feita é entre o *espantar-se por* e o *espantar-se de que*.⁵¹ O primeiro é um espanto ante algo; o segundo o é ante um feito (que se expressa em uma proposição). Efetivamente, uma coisa é espantar-se por (ante) uma obra de arte, e outra coisa é espantar-se de que a Terra gire em redor do Sol. O importante desses dois tipos de espanto é que o segundo normalmente vem seguido da pergunta sobre a razão ou razões de que isso seja assim. Por que a Terra gira em redor do Sol? O espanto ante uma obra de arte, ou ante minha existência, ou ante – agora sim – o espetáculo do mundo, também induz a um mais além, também abre uma espécie de pergunta, mas não se esperam razões, sabe-se que se está diante de algo sobre o qual não dispomos nem disporemos de nenhuma explicação. Por outro lado, para o outro conjunto de perguntas é, sim, possível acabar obtendo algum tipo de resposta. E, quando esse é o caso, pode desaparecer o espanto inicial, o conhecimento ou a explicação acabariam com a estranheza do que causava espanto. Exatamente por isso, Descartes escreve em vários artigos de seus *Princípios de filosofia*: "*Nil mirari*. 'Não nos surpreendamos mais'",⁵² porque o fato de haver explicado certos fenômenos naturais tinha acabado com a estupefação ou a maravilha que nos causavam antes de se conhecer o mecanismo que os produzia.

Não sabemos com certeza quando o espanto acaba ou quais são seus limites. O que está claro é que a admiração e o espanto conduzem à atenção, à reflexão e ao conhecimento. O conhecimento que procede ou ao qual acompanha certa indiferença é, de certa forma, um conhecimento defeituoso, incompleto, débil. Com a admiração – da qual deveria proceder – o conhecimento costuma ser mais respeitoso com a coisa em si, entendendo que, mesmo com tudo o que saiba, há algo que lhe escapa, de que nunca vai conseguir um total domínio cognoscitivo. Quem não se admira, já não conhece mais. Enquanto o verdadeiro conhecimento é resultado de uma firme admiração, a opinião ou o pseudoconhecimento é produto de uma admiração esgotada ou, ao menos, interrompida. É verdade que há alguns conhecimentos que, ao explicar um fenômeno, induzem a não se surpreender com ele. Mas, em muitos outros casos, o desaparecimento do espanto provém de um crédulo basear-se em certezas e de uma falta de atenção e de esforço para continuar investigando no campo da perplexidade e do renovado espanto. Para manter a surpresa, não é necessário, nem sequer conveniente, que surja uma raridade atrás da outra. Assim, por exemplo, para admirar a excelência de uma pessoa não é necessário ver nela renovadas excepcionalidades; do mesmo modo, a admiração do "mistério" do mundo tampouco requer incessantes "novidades". Trata-se sempre do mesmo mundo e de seu inescrutável ser: o mistério do mundo nos é constantemente oferecido como digno de admiração e de espanto.[53]

Se a primeira coisa clara é que o espanto leva à atenção, a segunda é que, quando alguém presta atenção, está mais bem preparado para o espanto e a admiração, de modo que há uma espécie de movimento circular, mas, em nenhum caso, inercial; ao contrário, as inércias nos deslocam para fora desse círculo.

Atenção, pergunta e exame

Perguntar é uma arte. Como na atenção, não há um método prefixado e automático que indique quando é preciso perguntar e de que modo. Mas a relação entre ambas as ações é mais estreita: a pergunta procede da atenção e a prolonga ou até a aumenta. Como alguém esboçaria uma pergunta concernente ao que lhe rodeia ou a si mesmo se seu olhar externo ou interno não houvesse focalizado isso? E ainda se torna mais evidente para nós a vinculação entre o espanto e a pergunta: enquanto ainda persiste o assombro inicial, surge a pergunta (como isso é assim? de onde vem? o que significa?...).

Acontece, por assim dizer, uma *espiral* entre atenção, espanto, pergunta e exame; uma espiral que mantém, em cada volta e em cada um dos seus diferentes níveis, os mesmos elementos, mas após todos eles terem sofrido certa evolução. Naturalmente, não se trata da repetição exata de uma seqüência: alguns elementos podem mudar de tom, e outros podem desaparecer. Por exemplo, alguém pode se espantar quando, ao prestar atenção a um faial no outono, nota a grande quantidade de suas cores e matizes. Se, a partir desse espanto, se pergunta dos processos naturais que tiveram como efeito tal variedade cromática, essa interrogação poderia ser o início de alguns estudos, de um exame, de uma investigação, que talvez se prolongasse durante bastante tempo. Não é difícil imaginar casos de pessoas nos quais o espanto inicial se manterá ou se renovará, e outros casos em que se acabará. Observemos, contudo, que a pergunta e o exame não hão de necessariamente por de lado o espanto, antes, podem até aumentá-lo. Dito de outra maneira: as explicações não necessariamente põem fim às admirações, e menos ainda se procuramos continuar mantendo a atenção.

O ato de perguntar pode nascer do espanto e tem a virtude de, quando se pensa a fundo, descobrir as deficiências tanto das opiniões que já tínhamos sobre as coisas como das explicações teóricas (científicas, filosóficas, religiosas...) mais elaboradas e globais. A fenda da deficiência cognoscitiva é descoberta ou provocada: a pergunta abre uma fenda na muralha com que tendemos a nos proteger do mundo. Em particular, a dúvida filosófica provoca a crise da opinião corrente, assim como das sistematizações conceituais fechadas.

O que é o mais importante da pergunta? É que muda as coisas: modifica tanto o *sujeito* que a formula, como a coisa sobre a qual se pergunta. O que a pergunta efetua no sujeito que interroga é *mudar seu olhar* (ou também se poderia dizer que a pergunta é paralela a essa mudança de olhar); quanto à coisa de que se pergunta, o que se consegue ao interrogar é sua transformação: a própria coisa se mostra de outra maneira, como afetada por uma espécie de ruptura, como se ela mesma mostrasse sua problematicidade. A coisa pela qual se pergunta sofre, pois, uma espécie de *metanóia* que consiste, basicamente, em deixar a descoberto sua questionabilidade. É exatamente isto o que disse Gadamer: "O sentido de perguntar consiste precisamente em deixar a descoberto a questionabilidade do que se pergunta".[54] Este "deixar a descoberto" é o mais importante. Decorre daí que também se diga que *perguntar é abrir* e, ao se abrir algo da coisa perguntada, essa se torna mais frágil, mais flexível, menos monolítica, menos sólida. A abertura implica vulnerabilidade, o aberto é mais vulnerável que o fechado. Muito provavelmente, estamos ante uma transformação muito mais profunda do que a que supõe a negação. Negar algo é como afastar o olhar. Questionar algo é modificá-lo. A negação deixa esse algo como estava, a pergunta o transforma. Vejamos três exemplos dessa ação transformadora da pergunta. É possível que haja quem não se interesse nem se preocupe nunca com o futuro da vida na Terra. De fato, essa falta de interesse é uma espécie de negação. Em compensação, a pessoa que se preocupa com esse futuro – e, ao fazê-lo, propõe-se perguntas – desloca sua atenção em direção a esse tema e transforma a coisa: ao interrogar, o futuro do planeta se mostra de outro modo. Quando nos perguntamos pelo futuro, aspectos que antes nos passavam despercebidos começam a se manifestar: incerteza, perigo... O ato de perguntar causou essa manifestação. Outro exemplo, de caráter diferente: vivemos em uma sociedade na qual, desde o princípio, os caminhos estão traçados e tudo está pautado: os controles e diagnósticos pré-natais, o nascimento no hospital, e rapidamente, muito rapidamente, a pré-escolarização e a escolarização, esta última com alguns currículos perfeitamente fixados. Alguém pode se perguntar: Que tipo de fundamento ou de razões justifica essa estrutura escolar? Ao fazer esse tipo de pergunta, algo – neste caso da formação dos meninos e meninas – se mostra como algo realmente aberto, sobre o que, ao contrário do que parece, não há explicações definitivas nem demasiadas garantias (a tão triste procissão de reformas educacionais é uma mostra fidedigna da falta de norte). Mas é preciso observar para ver; e é preciso perguntar para abrir o que já está aberto e não parece; e é preciso saber suportar e encarar o desconcerto dessa abertura. Um terceiro e último exemplo que tiro da conhecida história em quadrinhos de Quino. Mafalda, rainha das perguntas, deixa seu pai estupefato pela enésima vez quando, depois de rodeá-lo algumas vezes e não encontrar nenhuma pista, lhe pergunta: "Papai, o mundo... ou seja, a Terra... de que sexo é?" Evidentemente, qualquer que chegue a ser a resposta, não se trata de uma pergunta absurda, e se não for tolamente desprezada de imediato, motiva uma reflexão...

A pergunta supõe, definitivamente, por a descoberto a problematicidade essencial das coisas, o que, por sua vez, significa a ruptura da normalidade. A normalidade é o domínio da ingenuidade, por um lado, e das teorias com suas linguagens especializadas, por outro. Com a problematicidade se produz uma situação na qual já não são suficientes as linguagens técnicas ou especializadas para tratar temas como se não implicassem nenhuma problemática ou como se se houvesse encontrado a solução para eles.

O espanto se liga com a pergunta e essa, por sua vez, com o exame ou a investigação. Todos esses elementos fazem parte da espiral, anteriormente citada. Kant já se referiu a esse processo ao advertir que "admiração e respeito podem, sim, incitar a investigação, mas não suprir sua falta".[55] A admiração e o respeito podem ser incentivos para a investigação, mas não podem se confundir com a própria investigação; é preciso deixar que, à admiração, se sigam a investigação e o exame. Embora esse seguir (o curso da espiral) não seja uma mudança de registro, e sim, mais propriamente, uma mudança no modo de atentar. O que é, afinal de contas, que significa exame? *Examinar não é senão olhar detidamente, ou olhar bem algo*. O termo que mais se utilizou na filosofia como perfeito sinônimo de exame é *crítica*. A crítica é o método, o caminho. Não é o objetivo nem o fim da filosofia, mas sim sua condição. Em uma de suas primeiras fases, a crítica equivale a uma purificação, a uma *catharsis*. A atitude crítica se opõe tanto ao dogmatismo (que, por definição, não se questiona a si mesmo, não se examina), como ao ceticismo (como ponto de partida assumido sem razão justificada). Sócrates, Descartes e Kant são exemplos emblemáticos da atitude crítica, da prioridade do exame no tocante às pressuposições, aos dogmatismos, às posições superficiais e impessoais, às modas...

Mas como *crítica* é um termo que, além desse uso mais adequado, é usado, habitualmente, como sinônimo de ataque dialético contra algo ou alguém, proponho que prefiramos utilizar o termo *exame*. Pois examinar significa tanto observar meticulosamente como também sopesar e equilibrar. No exame, o olhar atento acolhe a forma de esquadrinhar algo diligentemente; no exame, o olhar atento incorporou a característica da *busca*. Na sua época, Sócrates julgou que, sem a transformação que a pergunta e o exame provocam em nós mesmos, a vida humana careceria de sentido: "Para o homem, viver uma vida sem exame, não tem sentido".[56] Mas já nisso estava implícito o sentido de uma busca que dificilmente teria final. Só a busca de lucidez dá sentido à vida humana, e acontece, efetivamente, que essa busca não tem final, pois a lucidez a respeito do mundo e de si mesmo, se conseguida, apenas o é sempre em pequena proporção.

Quanto ao mais, o olhar, enquanto exame, não é incompatível com um dos aspectos do respeito com o qual, aparentemente, não combinaria. O respeito implica uma *contenção* em guardar distância e também nas pretensões cognoscitivas; como essa contenção combina com a busca? Nesse caso, simplesmente porque essa busca, não pretendendo conseguir uma explicação total, torna perfeitamente possível um exame que já de antemão – e justamente pelo olhar atento de que parte – tenha assumido a finitude de nossa condição humana.

Assim mesmo, na ética do respeito, *há prioridade do exame com relação ao diálogo*. Trata-se, porém, de uma prioridade conceitual, não fáctica, visto que a busca já é uma busca compartilhada – ou pode sê-lo – e, além do mais, o diálogo pode e deve se inserir no caminho da busca enquanto essa ainda se efetua. O diálogo é também exame, mais que intenção de acordo, como se apenas se tratasse de encaixar opiniões já formadas. Poucos diálogos resultam mais frutíferos que aqueles que respondem a essa busca compartilhada.

Atenção e diálogo

O diálogo é outro dos elementos da espiral: atenção, espanto, pergunta, exame e diálogo. Há uma estreita, e não muito simples, relação entre atenção e diálogo. Convém que o olhar atento preceda ao diálogo para que esse seja mais rico; a atenção deve acompanhar ao diálogo – é como uma de suas condições de possibilidade; e, finalmente, o ato de dialogar bem aumenta e favorece a atenção sobre as coisas, ajudando-nos a vê-las melhor – a atenção é, assim, uma conseqüência do diálogo.

Atenção como prólogo, acompanhante e conseqüência do diálogo. Tudo isso é bastante evidente: quando, antes do diálogo, cada um dos futuros interlocutores presta atenção suficiente ao que logo vai ser o tema do diálogo, garante-se que o exercício dialogal venha a ser muito mais frutífero. Deste modo, o diálogo é um esforço que se soma a um esforço precedente.

Quanto à atenção como condição do próprio diálogo, esse exige capacidade para escutar, e escutar não é fácil: para compreender o outro, o que esse outro diz, o que acontece com ele ou o que reivindica, é preciso uma sensibilidade e uma abertura que não acontecem automaticamente. Ouvir e ouvir bem é uma das habilidades mais preciosas: não escuta nada nem a ninguém quem permanentemente só escuta a si mesmo, quem está tão satisfeito consigo mesmo que só ouve sua própria voz e se ocupa de suas opiniões e interesses particulares. Como já dissemos, a verdadeira atenção não acontece sem certo esvaziamento de si mesmo. A capacidade para escutar o outro é, sem dúvida, fundamental. O esforço do diálogo é não apenas esforço para falar, mas sim, sobretudo, para escutar. E a palavra desse esforço é atenção. É pela freqüente falta de atenção que a maioria dos diálogos é, na realidade, pseudodiálogo, pois debaixo de sua aparência se esconde o interesse por falar sem nenhuma capacidade, abertura, nem vontade para escutar. Quando o que acontece é que cada um "mete o bedelho", não se pode falar de diálogo. Quando se argumenta em paralelo ou só para fazer sua própria vontade, tampouco há diálogo. No diálogo, o que uma pessoa pode chegar a dizer depende, em grande parte, do que seja capaz de escutar. Então, um efeito genuíno da conversação é a transformação de quem realmente entra nela, começando já pela atenção com que se dispõe a escutar o outro. De modo que, somado o efeito da atenção com a sincera recepção do que o outro lhe diz, o autêntico conversador se transforma e ganha novas perspectivas. Quem *entra de verdade em uma conversação*, entra, realmente, em uma *conversão*.

Se tudo isso fosse devidamente levado em conta, mudariam as atitudes com que, na maioria das vezes, se participa de comitês ou conselhos consultivos nos quais é preciso optar por decisões de caráter ético. Não deve se tratar só, nem principalmente, de argumentar e de convencer para chegar a determinados acordos, embora isso tampouco deva ser menosprezado pois é finalidade legítima; contudo, o diálogo deve ser visto também como uma oportunidade para alcançar a percepção de coisas novas ou de novos aspectos. *No diálogo, o esforço relativo à argumentação não há de ser o único, senão também o relativo à atenção*. E a finalidade que se deve perseguir não é só a de tomar uma determinada decisão, mas a de consentir novas maneiras de ver as coisas, um olhar mais penetrante sobre o tema da discussão.

Através do diálogo autêntico se alcança sempre mais *lucidez* e clarividência sobre as coisas.

Quando o comitê de bioética de um hospital delibera sobre uma determinada situação; quando um grupo de pesquisadores de uma universidade expõe o seguimento de uma nova linha de pesquisa; quando assessores e políticos responsáveis de um departamento de meio ambiente consideram prioridades... é evidente a conveniência de chegar a acordos, mas também é conveniente que o processo dialogal sirva, antes de tudo, para esclarecer o assunto, para que os interlocutores vejam melhor onde se está e aonde se quer chegar.

São muito conhecidos os vários projetos contemporâneos que colocaram o diálogo no centro da relação ética (personalismo, ética dialógica, hermenêutica...). Creio que também vale a pena estudar as relações entre diálogo e atenção, e entre diálogo e respeito. Aqui, tratamos o diálogo como parte da espiral da atenção e não unicamente como meio de chegar a acordos e consensos. Incorporado o diálogo na ética do respeito, caberia examinar em seguida a possível complementaridade entre esta última e a ética dialógica ou discursiva.

Moralidade da atenção e do respeito

Não é que até agora não tenhamos falado do tema, mas aqui vou fazê-lo de forma mais concentrada e trazendo ao cotejo questões normalmente tratadas em ética ou filosofia moral.

Começarei apontando uma das direções que não vou seguir, apesar de haver colocado a ênfase na atenção e no olhar. O olho e a visão foram, de fato, tradicionalmente associados com a ação de julgar a partir do alto e, em particular, a partir da transcendência divina. A mitologia confirma amplamente o isomorfismo do olho, da visão e da transcendência divina. Varuna, deus urano, é denominado "o dos mil olhos", que tudo vê. Odín, o clarividente, é o deus "espião". O Yahvé dos *Salmos* é aquele a quem nada se pode ocultar. Entre os fueguinos, os boxímanes, os samoiedos, e muitos outros povos, o Sol é considerado o olho de Deus.[57] Não custa chamar a atenção de que há um trânsito quase natural entre o ver e o julgar: o que tudo vê será também o que terá que julgar; o que tudo vê se converte em juiz.

Pois bem, o caminho que empreendemos com a ética do respeito é diferente: trata-se de que a parte moral da clarividência não se assemelhe forçosamente aos poderes do juiz, mas sim à consciência do valioso e do importante. E, além do mais, que com esse perceber o que é à parte de si mesmo, produza-se uma liberação do próprio egoísmo. Dito de outra maneira, com a vinculação entre respeito e olhar atento, sustaremos a tendência a conceber a luz como raio ou como espada. O olhar humano tem a precariedade inerente à finitude e essa faz do olhar humano um olhar moral, não tanto no sentido justiceiro como no sentido de apreço pelo valioso.

Predomínio da atenção sobre a escolha

A reflexão ética se centrou muito nos temas da decisão e da escolha. Embora por decisão não se entenda apenas o *hic et nunc* do ato decisório pontual, o certo é que o tema tende a ser tratado, especialmente por influência do kantismo, por um lado, e do existencialismo, por outro, como o momento supremo da vontade; ato de decisão a partir da liberdade radical. A ética do respeito, em compensação, supõe uma troca do centro de gravidade. Já não mais a primazia de um instante supremo, mas a importância de todo o processo de atenção. Essa é, no meu entender, a primeira e fundamental etapa da moralidade. Assim, o centro de gravidade da moralidade se desloca da decisão para a atenção que a precede.

Para evitar discussões academicistas, é oportuno ver qual é, na realidade, o ponto de partida, quer dizer, a situação humana em que se revela essa dimensão moral de que estamos falando. Depois de descrevê-la de duas formas muito distintas, perceberemos qual é a que melhor reflete nossa vida cotidiana.

O kantismo e o existencialismo concebem uma vontade soberana, um indivíduo isolado e solitário, livre, e que dispõe da capacidade de escolher. A vontade lhe é quase tudo. O mundo, o mundo dos fatos (descritos pela ciência) carece de importância do ponto de vista moral. O que realmente importa é o ato único pelo qual alguém escolhe a si mesmo e sai do insignificante deserto dos fatos. Liberdade e vontade são as palavras-chave da moralidade. A autenticidade da existência e o que nos eleva acima dos demais seres reside, precisamente, nesse ato supremo de vontade. Que em seguida possa se expor a razão (ou as razões) da escolha, como acontece com o kantismo e também em certas correntes de filosofia analítica anglo-saxã, ou que a decisão já lhe seja absoluta e que a justificação racional seja secundária (como ocorre em Sartre), mesmo tendo certa importância, não é o que mais importa.

Pois bem, não duvido que em algumas ocasiões alguém possa experimentar algo parecido com o que acabamos de dizer. Há circunstâncias da vida nas quais nos sentimos sós e angustiados pela importância da escolha que temos de fazer; sabemos, certamente, que, de alguma maneira, o que decidirmos então vai determinar toda nossa identidade; somos conscientes de que o que decidirmos já não poderá voltar atrás e o caminho empreendido será irreversível; sabemos que podemos nos arrepender e, enfim, sabemos que, como se costuma dizer, a vida é curta.

Não obstante, creio que nossa vida – e sobretudo nossa vida moral – fica melhor refletida nesta outra descrição. Se é verdade que às vezes alguém se encontra diante do "abismo" da escolha, em uma situação na qual parece que não há no que se segurar e na qual sente um abandono consolador, também é verdade que existe uma gama muito ampla de situações nas quais tomamos decisões quase como conseqüência "automática" de nossa visão das coisas. Cabe desconfiar que, pelo menos às vezes, se efetua um desmesurado aumento da solidão da vontade, talvez como resultado de uma concepção de nós mesmos por demais elevada. A vida, o dia-a-dia da vida, faz-se por canais mais lentos e, no geral, mais tortuosos. E, nesses canais, é muito importante o "ver", mas um ver que poderíamos chamar de "ver moral". Naturalmente tomamos partido e escolhemos, mas isso normalmente se deriva da atenção que prestamos. Se se olha bem as coisas, já se vê o que é preciso fazer. O agente moral é, antes de tudo, alguém capaz de observar, de olhar bem. "À medida que fomos vendo como estavam as coisas, chegamos à conclusão de que só cabia agir em uma direção...", em quantas situações não é um tipo de expressão como essa a que melhor ilustra o que fazemos ou deixamos de fazer? O mais comum é que se aja em função do que se vê. Assim, o esforço do ver, o esforço sustentado para ver bem as coisas, já abriga um sentido moral. O esforço para ver claramente, para advertir as possibilidades de incidir em uma situação, é um esforço moral que tem, em contraposição, a visão distorcida ou o desinteresse com relação ao que é ou acontece. Mas o esforço para ver e o próprio ver não são algo pontual, antes, estendem-se pelo tempo. Por isso muitas vezes resulta inapropriado considerar isoladamente o momento da escolha, prescindindo da maneira como alguém vê a situação em que se encontra. A atenção é um processo diacrônico para a escolha, o que, de forma alguma, significa que não sejamos livres. De fato, somos livres, embora nossa liberdade esteja condicionada; e somos livres mesmo que, não por obrigação, nossa liberdade tenha que se manifestar em "momentos transcendentes"; somos livres todo o tempo, mas de forma menos grandiloqüente, no prestar atenção, no escolher, no viver. A liberdade é a protagonista rotineira e familiar que está presente durante todo o filme, e não o artista convidado que aparece somente nos momentos culminantes. Claro que aqui alguém poderia nos acusar de cair na famosa "falácia naturalista", dizendo-nos que nunca se pode passar do que é para o que deve ser. Com Iris Murdoch, considero desproporcional o empenho que alguns filósofos mostram em denunciar esse suposto paralogismo, e faço minhas as palavras com que replica:

> Porém, eu sugeriria que ao nível do verdadeiro senso comum e de uma reflexão não filosófica usual sobre a natureza da moral, é perfeitamente óbvio que a bondade *está* ligada com o conhecimento: não com o impessoal quase-científico conhecimento do mundo corrente, seja o que for, mas com uma percepção purificada e honesta do que realmente acontece, uma exploração e um discernimento pacientes e justos daquilo com que nos defrontamos, que é o resultado não de simplesmente abrir os olhos, mas de um tipo de disciplina moral, sem dúvida, perfeitamente familiar.[58]

Murdoch se refere à atenção. O homem é um ser que vê, que deseja e escolhe conforme o que vê, e que possui um controle contínuo e discreto sobre a direção e a intensidade da atenção. Daí também resultar um tanto desmedida a contraposição tão contundente que se costuma fazer entre linguagem descritiva e linguagem normativa. É provável que o exagero desse contraste tenha a ver com o peso excessivo atribuído à vontade. A linguagem moral *também* é uma linguagem descritiva e simples. Não se diz, a cada passo: "Isto é o correto", e sim, simplesmente, "isto é assim...". Subentende-se: por isto ser assim, eu faço o que faço; minha forma de agir (e de escolher) depende de minha maneira de ver as coisas e, às vezes também, do modo como as descrevo.

Talvez as teorias éticas vão depressa demais e longe demais, pelo que convém dar atenção ao conselho de Wittgenstein: "[...] esperamos, equivocadamente, uma explicação quando uma descrição constitui a solução da dificuldade, por pouco que se dê a ela o lugar que lhe corresponde, que nos detenhamos nela, sem tratar de superá-la. Isto é o difícil: deter-se".[59] Há aqui, realmente, uma dificuldade enorme: a de se deter. Algo parecido ao que dizia Descartes sobre evitar a pressa, só que nesse deter-se está a idéia de que já temos o importante na frente, ou atrás. E o mais importante não precisa ser dito com palavras retumbantes nem com expressões sofisticadas, mais próprias das teorias que da linguagem familiar. O importante se deixa dizer com simplicidade.

Mas como a pressa já aconteceu, a ética do respeito tem como uma de suas tarefas o retorno à simplicidade descritiva. Convém se desfazer, pelo menos em parte, do lastro teórico. O que necessitamos em primeiro lugar não é uma teoria moral sistêmica coerente e com grande capacidade explicativa. Muitas teorias tentam expressar o mundo, mas, na realidade, só se expressam a si mesmas; crêem explicar o mundo, mas nem sequer o vêem. Antes de tudo, precisamos parar e prestar atenção. Prestar atenção à atenção, se me permitem a redundância.

Enfim, nesse retorno ao mundo, uma experiência que acontece e que é, sem dúvida, capital, é a experiência do que a situação nos "convida" a fazer, ou mais ainda, o que a situação nos apresenta como uma espécie de necessidade ou de obrigação. O exercício da atenção, mais do que nos situar num mundo no qual logo experimentamos a "liberdade abismal", aproxima-nos a uma espécie de resposta às demandas e exigências. Nisso, concordo com numerosos autores. Só para citarmos alguns, a já mencionada Iris Murdoch: "A idéia de uma observação amorosa e paciente, dirigida sobre uma pessoa, uma coisa, ou uma situação, mostra a vontade não como um movimento sem impedimentos, mas sim como algo muitíssimo mais parecido com a 'obediência'";[60] ou a própria Simone Weil quando afirma que "a vontade é obediência, não resolução"; ou muito especialmente, toda a explicação filosófica de Emmanuel Lévinas sobre a relação ética entendida como relação com o rosto do outro, nestes termos: "O rosto me pede e me ordena".[61] Onde está o momento sublime da escolha quando não se pode senão socorrer ao que se encontra gravemente ferido?

A saída do egoísmo

> *A visão não é certo modo de pensamento ou presença de si mesmo: é o meio que me é dado para me afastar de mim mesmo [...].*
> Marleau-Ponty

O perfeito egoísta não respeita a nada nem a ninguém, não sabe o que é respeito, porque só pensa em si mesmo, porque seu olhar limitado está demasiadamente distorcido por seus interesses onipresentes, porque a sombra alongada de seu eu se projeta por todas as partes, porque são tais as dimensões de seu ego que não lhe resta nenhum espaço para perceber realmente ao outro e o outro.

Evidentemente, não é preciso repetir muito freqüentemente "eu" para ser egoísta; esse modo de ser pode estar latente sob formas muito mais sutis, e não por isso menos intensas. Certamente, há maneiras de detectá-lo e também de advertir quando não é o caso. De fato, a verdadeira admiração e o autêntico respeito são excelentes sintomas de uma personalidade não egoísta.

O egoísmo é analisável tanto como característica que existe em um determinado tipo de sociedade – e, sem dúvida, a nossa é uma sociedade que o promove – quanto como tendência que surge do mais profundo do ser humano. Assim, por exemplo, e ao contrário do que parece à primeira vista, inclusive a "piedade" de Rousseau está subordinada, em certo sentido, ao egoísmo – como, na verdade, o próprio Rousseau o reconhece. Quando o ponto de partida é o indivíduo, dá a impressão de que já não há maneira de sair de sua rede de interesses. Por isso, ao estabelecer relação entre o pensamento ocidental e o chinês, fez-se notar que mesmo em autores que aparentemente falem do mesmo, a diferença decisiva está em se no ponto de partida há uma visão individualista do ser humano, ou uma visão holística na qual o ser humano se apresenta integrado a alguma unidade superior. Assim, por exemplo, em um sugestivo estudo no qual F. Jullien compara Rousseau com Mencio, demonstra-se que o que fundamenta a moral no pensador chinês é a compreensão "transindividualista".[62]

Pois bem, com a ética do olhar atento, ou do respeito, para se livrar do egoísmo não é necessário, já de início, uma teoria metafísica que explique determinada unidade–totalidade da qual o ser humano faça parte, mas antes no próprio exercício da atenção se está conseguindo a superação do egoísmo. Porque quando se presta atenção, o eu como que se anula, fundindo-se com o objeto da atenção, rendendo-se perante a beleza e as exigências do outro. A ética do respeito, pois, faria frente ao egoísmo com um enfoque mais epistemológico que metafísico, o qual é uma vantagem por permitir que, *a posteriori*, possa se aliar a concepções do mundo de natureza muito diversa.

Prestar atenção é olhar de forma desinteressada, sem ceder à vertigem da possessão nem da presunção, e é, sem dúvida, o melhor antídoto contra a autocomplacência. Com esse exercício, as tendências egoístas permanecem deslocadas ou proteladas e, visto que essas tendências existem sempre, a moralidade poderia ser definida como um esforço para minorá-las ou até superá-las. Estabelecidas as coisas dessa maneira, a atenção se mostraria, uma vez mais, como a essência da moralidade. E, além disso, também a proximidade entre a moral e a arte seria explicada. O bom pintor é o que olha: sua mão se move com o pincel na extremidade. O pintor está atento e admirado com aquilo que quer reproduzir sobre a tela. Parece-se com o demiurgo de Platão, que, com o olhar concentrado nas idéias ou nos modelos, dava forma, com suas mãos, à matéria indeterminada.

O principal inimigo da excelência moral é a fantasia pessoal exacerbada: a trama de auto-engrandecimento e os desejos e sonhos consoladores que impedem o indivíduo de ver o que há fora dele. A conduta medíocre é a contínua afirmação do eu, a distorção do olhar que o egoísmo acarreta. Por outro lado, a apreciação do realmente justo procede de um controle do egoísmo que propicia ater-se ao que as coisas são. Assim, diminuímos nosso ser com a finalidade de considerar a existência de algo mais.

Ao contrário do que possa parecer e tendemos a acreditar, não estamos, de modo algum, acostumados a olhar o mundo real. Nosso ritmo de vida acelerado, as ocupações e, sobretudo, nosso autoconhecimento, distanciam-no de nós. O olhar sincero e sereno o aproxima de nós, o faz presente.

Reconstruo uma situação hipotética: estou em minha escrivaninha, diante da janela aberta, centrado em mim mesmo, obcecado por um projeto frustrado e pelo dano causado ao meu prestígio profissional. De repente, meu olhar se dirige para o lado de fora, repara na cor avermelhada do céu sobre as montanhas. Essa cor me fascina. Minha atenção se deslocou. O centro já não é meu próprio ego, a atenção está toda voltada para esse lindíssimo entardecer. A beleza da natureza, como a beleza da arte, paralisa minha autoconcentração e minha vaidade. Não sou eu o que importa, e sim o que tenho à minha frente. O eu, doído por sua vaidade ferida, desapareceu. Em seu lugar, um eu atento à beleza do mundo. O mundo... é tão grande e tão infinito... o mundo... e algumas pessoas que me rodeiam são tão misteriosas e profundas... Em seguida, ao deixar de prestar atenção ao céu, é muito provável que a preocupação anterior seja percebida em sua medida mais exata. Pode ser que já não lhe dê a mesma importância; é pouca coisa comparada com essa infinitude do céu e essa beleza cromática. E, certamente, o definitivo não são as inimagináveis medidas espaciais do céu; poderíamos dizer o mesmo se, em vez de no céu, a atenção tivesse se detido nas lentas curvas de uma estrada campestre, ou na brincadeira das crianças, ou na silhueta de uma velha casa... O que é realmente decisivo é o distanciamento de alguém a respeito de si mesmo; eis aí a bondade e as potencialidades da atenção.

O respeito como sentimento (em diálogo com Kant)

Para continuar esboçando o perfil da ética do respeito, é adequado estabelecer um breve diálogo com Kant e com Scheler. De fato, seria um pouco estranho não fazê-lo, pois ambos estão entre os poucos autores que teorizaram sobre o respeito. Esse diálogo é uma oportunidade para insistir um pouco mais em algumas das idéias já delineadas e também para introduzir algum elemento novo; como se verá, nossa proposta guarda algumas distâncias insuperáveis com relação a Kant, mas não deixa de coincidir com sua teoria em algum ponto importante.

Na seção anterior, dissemos que a moralidade da atenção requer, antes de tudo, sair do egoísmo. Pois bem, Kant tentou, igualmente, falar algo puro, fora do enredo da egoísta psique empírica, quer dizer, mais além da rede de interesses do eu. Mas sua investigação o reconduziu novamente de volta ao eu, ao eu racional... e ali ficou. O que não deveria nos surpreender, pois a riqueza e a profundidade do eu podem nos deslumbrar até o ponto do qual já não possamos ver mais nada.

Talvez alguém considere que essa é uma observação tão simplista quanto ridícula, mas me atrevo a dizer que o que acontece é que Kant dirige sua atenção quase exclusivamente ao eu racional, e nunca *saiu fora* desse. Nosso ponto de partida é o mesmo que o de Kant (a saída do egoísmo), mas já desde o princípio pretendemos dirigir a atenção para as coisas do mundo. Não buscamos nenhuma dissolução do eu, mas apenas sustentar que o primordialmente necessário é começar pelo olhar atento ao mundo; se esse se efetua, poderá compensar o descomedimento da autocontemplação e do auto-respeito exclusivo. Em outras palavras: prestar atenção às coisas nos dará acesso a uma percepção do eu mais ajustada.

Consideremos o que disse Kant e, especificamente, duas das suas definições de respeito, uma na *Crítica da razão prática* e outra na *Crítica do juízo*. Na primeira obra, Kant define o respeito como um sentimento *a priori* que vem a ser uma espécie de eco da lei moral na sensibilidade: "O respeito à lei moral é um sentimento produzido por um fundamento intelectual, sendo este sentimento o único que reconhecemos inteiramente *a priori* e cuja necessidade nos cabe perceber".[63] A lei moral, conteúdo da razão, incide sobre nossa sensibilidade, dando lugar a esse sentimento singular. Como sentimento de respeito à lei moral, pode ser qualificado do mesmo modo de *sentimento moral*. Para resguardar a autonomia da razão, Kant não pode admitir, naturalmente, que este sentimento preceda a lei moral: "Aqui não *precede*, dentro do sujeito, nenhum sentimento que o faça propenso à moralidade".[64] Como acabamos de dizer, é antes o contrário. Contudo, outra coisa é que tal sentimento se converta em um aliado "material" para a ação moral, opondo-se ao amor próprio e à vaidade. Fará sentir a autoridade da lei, e embora, objetivamente, só a lei prática possa determinar a vontade, subjetivamente, a partir do ponto de vista do ser finito e razoável, será o sentimento do respeito à lei o que oferece o suporte que leve o livro arbítrio a obedecer à lei. (Em *A metafísica dos costumes* a explicação é muito equivalente, excetuando uma variação nos termos. Kant trata de uma série de "disposições morais": o *sentimento moral*, a *consciência moral*, o *amor ao próximo* e o *respeito* a si mesmo. O que na *Crítica da razão prática* é o *respeito*, aqui vem a ser o *sentimento moral*. Também diz agora que esse sentimento é o resultado da lei moral sobre o ânimo, e destaca sua importância: "Não há nenhum homem que seja totalmente desprovido de sentimento moral; porque caso lhe faltasse totalmente a receptividade para essa sensação, estaria moralmente morto".)[65]

Portanto, Kant centra a moralidade na razão, e entende que o sentimento de respeito é parte complementar, embora imprescindível. Na nossa proposta, por outro lado, o respeito ocupa o lugar central da moralidade e é, *ao mesmo tempo, lucidez intelectual – olhar atento – e sentimento*. De fato, assim se mantém unido o que, amiúde, se supôs ser uma dualidade. Efetivamente, muitas vezes se considerou que uma teoria ética deve levar em conta dois elementos: por um lado, o fundamento racional da obrigação (leia-se lei, princípio...) e, por outro, o fundamento afetivo, quer dizer, o que é capaz de mover a vontade, de motivar o sujeito a concluir uma ação. O primeiro elemento – diz-se – tem a ver com a razão; o segundo, com o sentimento (pode-se falar também do elemento objetivo e do subjetivo; ou do formal e do material...). A ética do respeito não manteria essa dualidade, e sim funde a lucidez e o sentimento em um só (o que não impede que também se possa estabelecer uma seriação cronológica: o olhar atento leva ao sentimento, ou o sentimento leva ao olhar atento...)

Considerando o que foi dito, vamos nos fixar no mais específico e emblemático da posição kantiana: nela, a única coisa que é propriamente objeto de respeito é a lei moral, que reside na própria razão – que é a própria razão. Sentir respeito pela lei moral equivale a sentir respeito pela racionalidade (racionalidade da qual surge o imperativo categórico: *"Aja sempre segundo a máxima a qual possa querer, ao mesmo tempo, que se converta em lei universal"*).

Depois, Kant como que dá um salto (ainda que apenas aparente), de falar do respeito à lei moral, passa a falar do respeito às pessoas:

> O respeito sempre se aplica unicamente a pessoas, jamais a coisas. As coisas podem nos suscitar *inclinação*, e quando se trata de animais (por exemplo, cavalos, cachorros etc.), inclusive *amor*, ou também *medo*, como o mar, um vulcão ou uma fera, mas nunca *respeito*. Algo que se aproxima bastante desse sentimento é a *admiração*, a qual pode, sim, sob a emoção do espanto, se dirigir a coisas como as montanhas elevadas até o céu, o tamanho, quantidade e distância dos astros, a força e velocidade de certos animais etc. Mas nada de tudo isso supõe respeito. Um ser humano também pode constituir para mim um objeto de amor, de temor ou de admiração, e inclusive de espanto, mas não por tudo isso será objeto de respeito.[66]

Não há por que estar de acordo com a limitação kantiana do universo do respeito já que os animais e as coisas também podem ser dignos de respeito, não somente as pessoas. Mas falaremos disso no capítulo seguinte. O que interessa agora é ver como Kant justifica o respeito às pessoas. Um exemplo que ele apresenta é bastante ilustrativo; sua idéia é que o respeito a outra pessoa se deriva da presença da lei moral nela. Suponhamos que eu ocupo uma posição social de destaque:

> Ante um homem comum, no qual reconheço uma integridade de caráter maior que a minha, *meu espírito se inclinará*, independentemente de eu querer ou não que tal inclinação ocorra e por mais alta que tenha a cabeça para não deixar passar despercebida a esse homem a minha classe superior. Por que? Porque sua presença me apresenta uma lei que aniquila minha presunção [...] O *respeito* é um *tributo* a que não podemos negar o mérito".[67]

Assim, pois, todo respeito a uma pessoa não é senão o respeito à lei que essa pessoa encarna.

Para Kant, portanto, o sentimento do respeito não é provocado em nós por algo externo (o que faria com que a moral se tornasse "heterônoma"), mas sim pela idéia do dever ou da lei moral que se aloja na própria razão. Em compensação, da explicação que aqui defendemos, conclui-se, em seguida, que o respeito é dirigido sobretudo às coisas singulares, e menos ao abstrato: a essa pessoa que está diante de mim, a uma obra de arte, a uma árvore, a mim mesmo. São as coisas e os indivíduos em sua densidade e concreção que são objeto de respeito. Esse versa sobre cada um deles em sua singularidade; o que não significa que não se possam determinar algumas características comuns ao respeitado, características que, talvez, explicarão em parte por que aí existe respeito.

Outro ponto de divergência com Kant, embora menos importante que o recém-comentado, é também muito significativo: Kant crê que o respeito não é acompanhado, geralmente, pelo prazer, ou seja, que não nos agrada muito ter que respeitar a quem merece respeito, pelo que, ao respeitar essa pessoa, sentimos mais um peso do que um prazer: "O respeito *está tão longe de ser* um sentimento de *prazer* que, em relação a um ser humano, só se cede diante dele de má vontade. Tenta-se descobrir algo censurável que possa nos aliviar da carga do respeito [...]".[68]

Vamos agora à definição de respeito que aparece na *Crítica do juízo* e que tem a ver com a noção do *sublime*. Notemos que também aqui (e de forma bastante surpreendente) Kant coloca uma vez mais o que merece respeito na própria racionalidade. Estes são os passos: começa por caracterizar o *sublime* como "o que é *absolutamente grande*", ou também "*aquilo em comparação a que qualquer outra coisa é pequena*".[69] E isso, em princípio, podemos encontrar tanto na natureza como também na arte. O sublime se distingue do belo pela representação acrescentada do infinito ou ilimitado. Enquanto a beleza se relaciona com a forma de um objeto, e a forma é sempre limitação, o sublime se relaciona com a ausência de forma no sentido de ilimitabilidade, com aqueles fenômenos cuja intuição carrega consigo a idéia de sua infinitude. Kant distingue entre o sublime matemático e o sublime dinâmico, conforme suscite um sentimento de grandeza desmedida ou de desmedida potência. A abóbada estrelada do céu é um exemplo de sublime matemático; a profunda queda d'água de um rio poderoso é exemplo de sublime dinâmico.

Mas aqui Kant insiste de novo em esclarecer que a sublimidade é mais própria do espírito que a sente do que dos objetos da natureza que a produzem: "[...] a verdadeira sublimidade deve ser procurada somente no espírito daquele que julga e não no objeto da natureza [...]".[70] Os fenômenos grandiosos da natureza produzem no homem uma impressão de pequenez, que, por sua vez, se transforma na consciência da independência de seu destino e de sua superioridade moral. O sentimento do sublime é, assim, oportunidade para que o homem sinta a grandeza de seu próprio espírito.

E é precisamente aqui onde aparece sua segunda definição de respeito, entendido agora como uma inadequação entre nossa imaginação e uma magnitude que supera toda determinação (e que tem relação com a razão).[71] Para Kant, o respeito é, então, o sentimento que surge da inadequação entre a imaginação e a razão, de modo que, ainda que nos pareça dirigir nosso sentimento em direção a um objeto, no fundo se dirige para nós mesmos. O objeto é só uma oportunidade para que o sentimento de respeito se dirija em direção a uma inadequação que existe em nós mesmos, entre os graus de sensibilidade (imaginação) e as idéias da razão, produzindo-se, assim, definitivamente, a consciência de nossa superioridade: "[...] portanto, a sublimidade não está contida em coisa alguma da natureza, mas em nosso próprio espírito, quando podemos adquirir a consciência de que, em nós, somos superiores à natureza [...]".[72]

Enfim, fica muito claro que a atenção kantiana é da racionalidade, às vezes expressa como lei moral, e que, até mesmo diante dos grandes espetáculos da natureza, efetua uma argumentação no sentido de mostrar a superioridade do próprio sujeito em sua autodeterminação racional. Kant se centra, pois, quase exclusivamente na racionalidade, e assim o mundo, com toda sua densidade e riqueza, fica relegado a um plano de menor importância.

Atenção e respeito: recapitulando

São a mesma coisa: o olhar atento, o espírito atento... Sempre se trata de intensificar nossa percepção ou também, se preferido, de *ser mais conscientes* (e recordemos que a consciência é intencional, sempre *consciência de*...). O sujeito atento multiplica suas forças, porém as multiplica não no sentido de que aumente o âmbito do seu ego, seu ensimesmamento, ou o conjunto de seus desejos, mas sim no sentido de que se torna mais capaz de ver o que não é ele, de ver o mundo. A atenção pode se caracterizar ou bem como uma focalização, ou bem como uma abertura que permite – digamos, em termos um tanto literários – que as próprias coisas se expressem desde o fundo de seu silêncio de coisa. Sem a atenção, o mundo permanece, para nós, no horizonte do indeterminado, enquanto nossa consciência distraída está *como que* em outra parte. Graças à atenção, notamos o valioso, o bom e o belo deste mundo, enquanto que, distraídos, deixamos escapar as verdadeiras pérolas da vida como coisa sem importância. Simultaneamente, a atenção nos situa e nos orienta no mais fundamental: na percepção de nossa finitude, e em que a mais importante das virtudes é a humildade.

Olhar bem com atenção é bastante difícil, de modo que, enquanto estamos fazendo isso, pela maior tensão de nos concentrarmos em atentar, não podemos fazer nada mais, nem sequer nos expressar verbalmente. Como se lê no *Zhuangzi*: "Quando se percebe, não se fala, e quando se fala, não se percebe".[73] É óbvio que podemos, e às vezes necessitamos, tentar descrever o que percebemos, mas quando começou seu processo a percepção diminui. A percepção requer e gasta todas as energias, em virtude do que é impossível mantê-la junto com outras ações; e a vigilância, que é um estado de atenção sustentada durante algum tempo, é dura e cansativa, por isso, em situações de perigo ou de risco, é preciso substituir com freqüência o vigia e a sentinela.

Dizer que há certa incompatibilidade entre perceber e falar não significa, em absoluto, que o segundo não seja necessário. É, mas a seu devido tempo. Até é necessário para, *a posteriori,* dar consistência e durabilidade à percepção. Também é possível que verbalizar contribua para o esclarecimento do que é visto, pois, seguindo uma vez mais Merleau-Ponty, não há nada mais difícil do que saber exatamente o que é o que vemos. Na melhor das hipóteses, o olhar atento pode se efetivar em vários tempos e ser acompanhado de uma adequada tentativa de descrição. No fundo, a linguagem descritiva é a mais apropriada ao olhar atento e, como às vezes é carregada de expressões metafóricas e de alusões, é a que mais se distancia da aridez das linguagens especializadas.

O respeito é uma mistura de conhecimento e afetividade. É um sentimento e, às vezes, um conhecimento. E é um sentimento especialmente singular porque contém "mais conhecimento" que os demais; seu conhecimento emana da atenção e tem esse caráter descritivo que se presta à linguagem familiar e pouco pretensioso em relação ao que acabo de dizer.

O olhar atento, como já foi dito, nada tem a ver com o olhar indiscreto; antes, é mais propriamente o contrário desse. A indiscrição costuma decorrer de alguma deficiência de nossas percepções. Se víssemos suficientemente bem, seríamos discretos. O olhar atento é um incremento da agudeza, mas nunca uma insistência. Aqui já se encontra a primeira vinculação essencial com o respeito, o qual nada tem a ver com a imediata ou imprudente familiaridade, nem com os apegos instantâneos: o respeito é aproximação que mantém distância. O respeito me protege da vaidade ou presunção excessiva de meus conhecimentos e das veleidades da minha vontade.

Já vimos também que há experiências e processos que aumentam nossa capacidade de atentar: a capacidade para admirar-se, o fazer perguntas e o dialogar, incluem-se na *espiral da atenção*. No que diz respeito ao "como" dessas realizações do atentar, sua variedade é tanta que não admite enquadrá-las em uma tipologia; basta advertir que, muitas vezes, a admiração supõe já haver atentado e até mais um motivo para manter a atenção. A pergunta é um estímulo para aumentar a atenção, mas, por sua vez, podem surgir perguntas como resultado da atenção. O diálogo, ao contrário do papel que muitas vezes lhe costumamos dar – de processo discursivo em busca de consenso –, pode ser também um modo de aumentar nossa atenção sobre as coisas.

Mesmo na suposição de que aproveitássemos ao máximo todas as potencialidades da atenção, nossa capacidade moral deveria ser descrita sempre no infinitivo, como um processo jamais terminado. Porque nunca veremos tudo, nunca teremos atentado a tudo, nunca o mundo infinito ou quase infinito se nos esgotará como fonte de novidade, nunca o olhar atento acabará de perceber completamente o perceptível. Se o mundo fosse um grande livro, nunca passaríamos apenas das primeiras linhas de sua primeira página.

Nossa condição mortal nos força a manter o olhar no infinitivo, sem que chegue nunca ao pretérito perfeito. No melhor dos casos, esforçamo-nos constantemente para ver, e estamos vendo. Da mesma maneira que o dizer tudo, o ver tudo implica seu próprio excesso. E, quando tudo houvesse sido visto, quando não restasse mais nada por ver, impor-se-ia a morte como acabamento definitivo. Pretender ter visto tudo equivale a não haver visto nada.

Premeditadamente, desloquei do centro dois dos pontos que, muitas vezes, o ocupam nas teorias éticas: o juízo e a escolha. Não para ignorá-los, mas para subordiná-los à atenção e à nossa percepção das coisas.

Dizíamos que o respeito é conhecimento e também afetividade, sentimento. Acerca deste segundo componente, considere-se que o que ocorre com os sentimentos é o mesmo que acontece com as cores, que fazem parte de um contínuo: a passagem de uma cor para outra é gradual e há amplas zonas de interseção, pelo que é difícil distingui-las com nitidez; a mesma dificuldade existe para distinguir um sentimento do outro. Assim, por exemplo, é clara a afinidade do respeito com a consideração, com a estima e, inclusive, com a simpatia; maior e de certo modo mais claro é seu contraste com a tolerância ou com o amor. Mas com este último tem também certa relação. Os elementos de moderação, distância e discrição que existem no respeito levariam a pensar, erroneamente, que algo lhe faltasse, diferentemente do amor que já teria o que faltasse ao respeito. Mas tal pensamento seria errôneo, não é que o respeito seja deficiente, mas sim que é diferente. Embora também é certo, como observa delicadamente Jankélévitch, que no respeito há certo amor: "Se o respeito não amasse um pouco aquilo que respeita, a distância não faria respeitável a coisa respeitada, e sim a deixaria como muito indiferente".[74]

A distância ou separação que o respeito mantém o diferencia, em geral, de todos os fenômenos de fusão afetiva, como o êxtase em certos mistérios religiosos, o sentimento maternal, o erotismo ou a relação sexual. Max Scheler, que colocou o sentimento de *simpatia*[75] no centro de sua teoria ética e se propôs a distinguir esse sentimento tanto do contágio como da fusão afetiva, reconhece, contudo, que a simpatia conserva sempre algum vestígio dessa fusão, seja como horizonte, seja como lembrança. Mencionei isso antes em relação ao pensamento chinês e agora faço o mesmo com Scheler, autor plenamente imerso na tradição do pensamento ocidental. Há quase um século esse filósofo insistiu em que era urgente evitar que se destruísse definitivamente a união vital-cósmica em conseqüência do predomínio exclusivista da visão técnico-científica. E apontava coisas que muitos anos depois dariam lugar ao que se chamou de *ética do cuidado*.[76] Scheler falava precisamente de umas capacidades femininas que podiam compensar um desequilíbrio mais propriamente masculino.: "Também à mulher – em sentido essencial – são dadas forças cognoscitivas que no varão só existem rudimentarmente e não são substituíveis por ele, por estarem edificadas naquela sobre seu instinto materno e a força específica de unificação afetiva dada por ele, que se aplica somente na própria e real maternidade, mas que não se limita somente ao próprio filho ou 'filhos' em geral, mas antes, uma vez aplicada, se dirige ao mundo inteiro".[77] Quer dizer, resulta mais próximo e mais próprio ao caráter feminino o sentimento da fusão afetiva. Todavia, não é que Scheler apele a uma espécie de visão panteísta da natureza; mesmo acreditando que devemos aprender de novo a olhar a natureza como fizeram Goethe, Novalis, Schopenhauer, "como no 'peito de um amigo'...", seu pensamento pode ser qualificado de personalista, porque defende muito claramente a prioridade da pessoa humana: "A porta de entrada à unificação afetiva com a vida cósmica é a vida cósmica ali onde é mais próxima e afim ao ser humano: em outro ser humano".[78]

A referência a Scheler me serve para chamar a atenção, por um lado, que, no campo da afetividade, as palavras simpatia, estima, respeito, amor... são afortunadamente bastante vagas e em cada explicação diferente podem adquirir matizes peculiares e diversas precisões. Por outro lado, citar Scheler me serve para mostrar que, além do atrativo, sugestivo e plausível do seu discurso, a ética do respeito tem outro alcance. Para dizer de outro modo, a ética do respeito se detém no umbral das concepções mais metafísicas. Não necessita de nenhuma delas para se sustentar, ainda que, *a posteriori*, possa se encaixar perfeitamente em muitas.

Até aqui nos ocupamos da moralidade da atenção enquanto exercício de saída de si mesmo, enquanto liberação dos tentáculos do nosso egoísmo: a atenção supõe tomar conhecimento do outro, dos outros, do mundo que não sou eu e que, de alguma maneira, existe à margem de meu eu. O mundo descoberto pela atenção não faz parte de minhas propriedades, nem de meu domínio, e, ao levá-lo realmente em conta, corrigimos nossos impulsos egoístas. Por isso, a verdadeira atenção é a porta de entrada à consideração do outro como tal, ao respeito.

Mas tampouco ninguém pense que o *quid* dessa questão consiste em aniquilar o eu. Seria interpretar erradamente o que aqui defendemos, que não é senão sustar o movimento egoísta, mas não diluir nem destruir o eu. Para equilibrar e completar a abordagem dessa proposta, convém entrar no tema do *auto-respeito*. Efetivamente, não apenas posso respeitar as demais pessoas, os demais seres vivos e a todas as coisas, como também a mim mesmo; não só respeitar o que não sou eu, mas também o próprio eu. Ora, isso nada tem a ver com a autocomplacência nem com o auto-enaltecimento.

A indiferença, a trapaça ou a violência... são antípodas do respeito aos outros; a mentira, a mesquinhez, o servilismo são violações do respeito que se deve a si mesmo. O auto-respeito é, no fundo, uma chamada a sermos autenticamente nós mesmos, a não nos deixarmos levar, a que assumamos nossa responsabilidade. É importante distinguir entre auto-estima e auto-respeito. A auto-estima consiste em ter boa opinião sobre as próprias capacidades e méritos, enquanto que o auto-respeito é o cuidado e a auto-exigência de agir de acordo consigo mesmo, com a própria dignidade. Enquanto a estima se origina de haver-se visto algo estimável: a coragem, a inteligência..., o respeito, por outro lado, origina-se do mais nuclear e secreto da pessoa. Não se pode ter "demasiado" auto-respeito, enquanto é possível, sim, ter "demasiada" auto-estima ou uma auto-estima "injustificada". O auto-respeito nunca me estragará, e sim exatamente o contrário; em compensação, a auto-estima, em seu excesso, é patológica e prejudicará a seu protagonista: infla o ego até o mais ridículo.

Uma última observação: a tipologia do respeito é tão impossível como a da atenção. Agir respeitosamente pode consistir em não agir, em colocar limites ou em fazer algo determinado. Em qualquer caso, pode acontecer que, "materialmente", a ação do homem respeitoso coincida com a de quem olhou escassa ou estereotipadamente, não obstante, haja uma divergência de fundo muito significativa. Assim, por exemplo, pode acontecer que dois cientistas se dediquem a pesquisar as mesmas coisas e aparentemente façam o mesmo; contudo, se um deles, diferentemente do outro, mantém, não importa por quais razões, uma atitude respeitosa para com aquilo sobre o que atua, é certo que, analisado com precisão, nem vê o mesmo, nem faz o mesmo, nem persegue os mesmos fins.

O digno de respeito ou
o que percebe o olhar atento

Na maioria das culturas há coisas e situações nas quais as pessoas adotam atitudes de respeito. Por exemplo, para com os mortos: a atitude devida diante do cadáver de uma pessoa, mesmo que talvez apenas a conhecêssemos, é de respeito; visitamos os cemitérios com respeito; em geral, a maioria dos mortos merece respeito, e não é correto falar como se já não estivesse entre os vivos. O mesmo acontece, não com o final da vida, mas com o que rodeia seu começo; também aí se adota uma atitude respeitosa: deve-se atender com delicadeza as mulheres grávidas, fazer silêncio e andar com cuidado ante um recém-nascido, etc.

O que é que o olhar atento viu nessas situações? Ao menos em parte, algo relacionado com a fragilidade, a cosmicidade,* o segredo.

Mas antes perguntemos: Kant tinha razão ao afirmar que só as pessoas são dignas de respeito? "Ser digno de" significa merecer; quando falamos de *dignidade*, substantivamos algo que, em princípio, requer complementação, mas se subentende: tem dignidade o ser que requer o tratamento mais cuidadoso, o ser valioso em si mesmo, que

---

* A palavra "cosmicidade" é um neologismo na língua portuguesa; o autor se apropria do termo usado por G. Bachelard em seu livro *A poética do devaneio*. São Paulo: Martins Fontes, 2001. (N.T.)

não pode ser menosprezado nem utilizado como um simples meio. Durante muito tempo a dignidade equivaleu à posição social. Embora a idéia da dignidade de todo ser humano como ser humano, independentemente de sua condição e *status* social, já estivesse presente em diferentes fontes gregas e judeu-cristãs, foi se impondo com maior força a partir da modernidade, e um dos autores que contribuiu para isso foi Kant, que sustentou que a dignidade humana se fundamenta na autonomia, na capacidade de cada ser humano para dar a si mesmo as normas e decidir por si mesmo. Daí Kant distinguir entre a pessoa como fim em si mesma e as coisas como fins relativos, as quais, precisamente por isso, têm preço. Enquanto a dignidade é um valor invariável próprio das pessoas, o preço é uma espécie de valor flutuante atribuído às coisas; a dignidade é um valor incondicional e incomparável, o preço é um valor condicional e comparativo; o que significa que a dignidade de uma pessoa é independente de seu *status* social – pois esse é variável – e que em nenhum caso cabe dizer que uma pessoa tem mais dignidade que outra, não sendo esse um valor comparável nem que possa ser entendido em termos quantitativos.

A teoria do respeito que aqui apresentamos pretende ser pouco restritiva, visto que mesmo reconhecendo – isso sim – que o lugar privilegiado do respeito o corresponde às relações humanas, não exclui que os animais possam e devam ser respeitados, nem que possam sê-lo determinadas situações que dizemos fazer parte da natureza, nem tampouco "produtos" da atividade humana, como são, por exemplo, as obras de arte. A ampliação do universo do respeito, se bem que implique maiores dificuldades teóricas, encaixa-se muito melhor com o que realmente acontece na vida das pessoas: se é capaz de respeitar coisas e situações independentemente de sua vinculação com o humano;[79] além disso, tal ampliação é muito importante para o mundo atual que, tão condicionado como está pela tecnociência, requer uma ética que não se ocupe apenas das relações interpessoais.

O que é, pois, que o olhar atento percebe nas situações em que manifestamos respeito? Definido o respeito como um aproximar-se do concreto, seria um tanto incongruente apresentar agora umas categorias que *explicassem* o porquê do respeito em cada um dos casos em que acontece. Mas não é demais indicar alguns aspectos ou peculiaridades que, sem intenção de exaustividade e sem grandes pretensões explicativas, conduzam um pouco de luz, no sentido de que podem se considerar como traços que aparecem em situações onde existe respeito e que estão com esse relacionadas. Resulta bastante difícil atribuir nomes a tais aspectos ou características, levando-se em consideração sua falta de sentido consistente e que são suscetíveis de interpretações muito diferentes. Bastará que a palavra que empreguemos não se desvincule da idéia que queremos expressar com ela. Trata-se de termos que mencionamos há pouco: *fragilidade*, *cosmicidade* e *segredo*. Muito do que merece respeito tem a ver com o que se pode expressar com essas palavras, embora, sem dúvida, não só com elas, pois dizer o contrário equivaleria a reduzir as possibilidades do olhar atento e a diminuir da riqueza do mundo.

Fragilidade

Já vimos no primeiro capítulo que o aumento exponencial do poder técnico fez com que comecemos a perceber a fragilidade da natureza. Porém, evidentemente, a fragilidade é uma característica de outras muitas coisas e sempre acompanha o humano.

Reparemos, por exemplo, o que ocorre com as que podemos chamar, em um sentido amplo, de "instituições": escolas, hospitais, sindicatos, centros culturais e desportivos..., o que ocorre com a própria democracia, que também pode ser concebida como uma instituição. Instituir significa dar início a uma coisa, fundar algo. Nos exemplos que acabamos de citar, as instituições são precisamente a construção de algo que há de facilitar determinados tipos de ação e de projetos partilhados: transmissão cultural, participação política, assistência sanitária... Em nosso viver cotidiano tendemos a agir como se muitas dessas instituições fossem "desde sempre" grandes e fortes, mas o certo é que também são frágeis, embora não tanto como cada um dos mortais que as criamos. Na falta de nova energia e de gente que renove constantemente o processo instituidor, elas se endurecem e petrificam; até podem ir contra a idéia fundacional; decaem até seu desaparecimento. Em tempos de *normalidade*, é fácil se esquecer dos *estados de exceção*, nos quais, da noite para o dia, se termina com todo um sistema de liberdades e com quantos dependiam dessas. Não é preciso se referir aqui a tantos momentos trágicos da história européia recente em que o belicismo e o racismo genocida abriram espantosos abismos. Em outro nível, todos fomos testemunhas de um final de alguma instituição ou de alguma organização que, tempos atrás, quando éramos jovens, nunca pensávamos que pudessem se acabar... A percepção da fragilidade das instituições nos faz mais responsáveis. Saber, por exemplo, que a democracia não é uma possessão caída do céu, mas sim uma tarefa que temos que realizar com esforço contínuo, muda muito as coisas. Mas essa percepção da fragilidade também leva a um maior respeito.

Algo parecido ocorre com as criações artísticas. Se conseguíssemos nos livrar do mercantilismo avassalador da arte, nos defrontaríamos, igualmente, com ter que custodiar e preservar telas, esculturas, construções arquitetônicas... Stefan Zweig escreve em suas memórias:

> Assim, cheguei a reunir, primeiro em uma pasta e, em seguida, em uma caixa protegida com metal e amianto, manuscritos de obras originais ou fragmentos de obras que fazem parte das amostras mais imperecíveis da criação humana [...]. Havia ali uma página de um caderno de trabalho de Leonardo [...], as provas de uma novela inteira de Balzac [...], uma cantata de Bach e a ária de *Alceste*, de Gluck, e uma de Händel [...]. Certamente eu não me considerava o proprietário dessas coisas, mas tão somente o guardião temporário. Não me seduzia a sensação de possuí-las, de tê-las em meu poder, mas sim o estímulo de reuni-las, de converter uma coleção em uma obra de arte. Era consciente de que com aquela coleção havia criado algo que, em seu conjunto, era muito mais digno de sobreviver que minhas próprias obras.[80]

Talvez seja a imagem do fogo (não por sua potência purificadora, mas pela destruidora: o fogo que queima, seca, funde e deforma) a que melhor ponha em realce a vulnerabilidade de todas essas obras. Fragilidade da beleza, e respeito devido a essa fragilidade. É obvio que, ao visitar o Museu do Prado, não é preciso tocar a tela de um quadro de Goya, mas apenas nos aproximarmos mantendo a distância – e não somente por uma questão de perspectiva, mas para evitar que a essa pintura aconteça o mesmo que à papoula.

Fragilidade da vida humana: evidentemente, o respeito à pessoa humana tem bastante a ver com sua fragilidade; a qual não é exclusiva do recém-nascido e, embora não tão extrema como a deste, acompanha-nos durante todo o transcurso da vida. À mercê do infortúnio, da violência gratuita, das enfermidades... a fragilidade humana já transparece em nosso olhar: abertos os olhos agora e depois de breves instantes, fechados para sempre. Trato respeitoso ao outro por sua vulnerabilidade; palavras e gestos contidos ou amáveis... É óbvio que, só pela vulnerabilidade do humano, a grosseria, a trapaça e a violência conseguem ter seus efeitos. Tão importante é esse risco da vulnerável fragilidade, que cabe considerá-lo entre os mais importantes na definição do humano: capacidade de ser ferido, de sofrer, de passividade – no sentido literal. Não é só a ferida física: o pranto, o desconsolo, a aflição, procedem também das feridas e da dor de alma. O olhar atento, captando essa vulnerabilidade, condiciona um tratamento adequado, vigilante e alerta, tanto para não ferir como para não remexer em feridas ainda não cicatrizadas.

E – uma vez mais – que dizer da fragilidade deste nosso pequeno mundo chamado Terra? A idéia da pequenez de nosso lar terrestre é muito antiga. Uma de suas versões, em minha opinião a mais bela e surpreendente, é a mítica viagem de Etana ao céu, arcaica lenda suméria. Etana se desespera ao ver-se sem descendência e sem um herdeiro que possa continuar sua dinastia. O deus Shamash, comovido pela súplica de Etana, sugere-lhe atravessar as montanhas até chegar a um lugar onde uma águia gravemente ferida jaz dentro de uma fossa. Etana efetua essa travessia e presta socorro à águia. Em troca, essa ajudará Etana a chegar até o ponto mais alto dos céus, onde se acha a planta da procriação. À medida que, rebocado pela águia, Etana vai subindo, a terra e o mar se apresentam cada vez mais diminutos a seus olhos, primeiro a terra como uma montanha e o mar como uma torrente, em seguida o mar como um cercado de animais e a terra como um terraço... até que chega um momento em que Etana, não divisando nem a terra nem o mar, pede à águia que o acompanhe de novo à sua cidade.

Eis aqui o que nos ensina: pequenez, sensação de estar se afastando demasiado do lar, medo e desejo de voltar para casa. Nosso lugar não está no espaço exterior. Ainda hoje, apesar das viagens e das estações espaciais e das numerosas obras literárias e cinematográficas relacionadas com a vida e as aventuras no espaço, sabemos que nosso único lugar está aqui, na Terra e sob o céu. A fascinação pelo espaço e pelo descobrimento de novos mundos não mudou nosso sentimento de que um só é o lugar do homem. Ao moderno conhecimento da estrutura do sistema solar e das dimensões da Terra, e também ao conhecimento das incríveis distâncias intergalácticas, acrescentaram-se as fotografias de nosso habitáculo tiradas do espaço e as declarações de muitos astronautas, coincidentes em assinalar sua emocionante experiência de perceber a "beleza, pequenez e fragilidade" da Terra; quase como atualizando o mito de Etana.

É preciso estar muito atento a esse panorama para compreender a virada em nossa forma de entender a biosfera e nossa situação nela. À medida que o universo se faz mais estranho e maior, mais gelado e vazio, e – colocando em metáforas – com *buracos negros* que tragam inclusive a luz, e *matérias obscuras* (dizem que a matéria ordinária – a que conhecemos – constitui somente cinco por cento do universo, porque há "essa outra coisa" à qual também deve sua gravidade: a matéria obscura), assistimos à ressurreição de uma natureza orgânica, completa e maternal que acolhe o ser humano em seu seio. Curiosamente, originou-se uma espécie de *provincianização* da biosfera: hoje, quando falamos da natureza, referimo-nos antes de tudo a este pequeno mundo formado pela superfície terrestre e o que a envolve. Parece, e é desde logo o que sentimos, que uma coisa seja este nosso mundo à escala humana, e outra muito diferente, a inóspita imensidade do universo. Essa provincianização ajuda, indubitavelmente, a chamar a atenção aos aspectos mais acolhedores, cálidos e maternais da natureza e explica as propostas ecológicas que exigem mais responsabilidade para estabelecer uma nova *aliança*. Para que se chegue a esse ponto, contribuiu também a já famosa teoria de *Gaia*, que James Lovelock formulou nos finais dos anos sessenta do século passado.[81]

Não sabemos se esta natureza provinciana (tão preciosa e singular) e a vida consciente que apareceu em seu seio são resultado da evolução cósmica, ou se se trata somente de uma efêmera circunstância casual de um universo intrinsecamente trágico (tal como já dizia Nietzsche: "Que o mundo não é de modo algum um organismo, mas sim o caos"),[82] mas, em qualquer caso, impõe-se o reconhecimento do valor deste planeta como lar: pequeno e frágil. A preocupação atual com a exploração dos recursos naturais, com o complexo nuclear e, especialmente, com seus resíduos, com a crescente contaminação atmosférica e o "escurecimento global", o aquecimento do planeta, etc., decorre da consciência dessa fragilidade. Também insistem nisso os discursos acerca do *risco*, que não falam de um risco pontual, e sim de um risco estrutural; não do risco inerente a qualquer ação humana (sempre exposta à imprevisibilidade do futuro e à possibilidade do fracasso), mas de um risco estrutural próprio do modo como estamos configurando a sociedade e do modo como nos relacionamos com o planeta. Mais que o fracasso, o oposto desse novo risco é a catástrofe ou a calamidade.[83] Certamente, compartilho esse tipo de preocupação, mas, como o risco estrutural é, antes, uma conseqüência, não creio que devamos nos concentrar nele. Quer dizer: a questão moralmente relevante não é como enfrentaremos o risco, e sim como, percebendo atentamente a fragilidade, devemos agir (e protagonizar configurações sociais) de natureza diferente das atuais. Porque, primeiro, nem todo mundo é consciente desse risco; e, segundo, no Ocidente também existe um problema de adaptação a este fator estrutural: as pessoas se habituam a um risco hipotético e futuro, já que, no momento, vivem bem... Deste modo, por exemplo, é óbvio que os recursos naturais são finitos e que agora estamos explorando, em ritmo acelerado, o que se produziu ao longo de milhões de anos. E, não obstante, vivemos *como se* esse não fosse o caso. Comodidade ou falta de atenção? A que distância tem de estar uma data para que comecemos a nos preocupar de verdade? Como conseguir que a percepção da fragilidade seja profunda o bastante para que provoque uma virada importante na nossa nave?

Sobre a questão da fragilidade, é preciso fazer uma última observação. Mais de uma vez se costumou argumentar considerando todo ser capaz de sentir e de experimentar dor como sujeito de atenção moral. Em conseqüência, não só os humanos mereceríamos algum tipo de respeito, mas também os (outros) animais. Embora na atualidade haja certo abuso oportunista ao se falar dos direitos dos animais, é indiscutível que nossa atitude e nosso tratamento para com eles (à parte a necessidade de nos alimentarmos) *devem ser* coerentes com sua capacidade de sentir, ou seja, com sua *vulnerabilidade*. Pessoas e animais (ignoro se todas as espécies destes, mas certamente muitas delas), partilhamos a capacidade de sentir dor, à qual chamamos vulnerabilidade, que é outra denominação da fragilidade. Se frágil é o débil, o que se pode quebrar, ou estropiar, vulnerável é o que poder ser afetado, ferido. A fragilidade inclui a vulnerabilidade, embora também caiba pensar em ambos os termos como sinônimos.

Vulnerabilidade das pessoas humanas, vulnerabilidade dos animais, fragilidade de nossas instituições, fragilidade das obras de arte, fragilidade de nosso pequeno planeta (ou vulnerabilidade de *Gaia*)...

Certamente o respeito terá algo a ver com esse risco. Um exemplo extraído de um contexto cotidiano: uma manhã de um dia qualquer, em um trem das proximidades que se dirige à cidade. Um de seus vagões está ocupado por uma maioria de jovens alunos de faculdade com duas de suas professoras, também jovens. Em uma estação, sobem duas pessoas mais velhas. Alguém se levanta para ceder o lugar a uma delas. Mas ninguém mais o faz, nem os estudantes, nem as professoras. *Olharam, mas não viram nada.* É certo que se pode falar de problemas de educação, de egoísmo e de individualismo, de falta de valores, de falta de decisão moral... mas creio que, antes de tudo, o que há é uma incapacidade para perceber e uma ausência de esforço para ver. Alguém realmente viu a *debilidade* e a *vulnerabilidade* daquela senhora que teve de ficar de pé durante quase três quartos de hora? Imagino que não, que ninguém foi capaz de captar o que a situação lhes mostrava e que, nesse caso, exigia deles. Havendo captado, teriam sido respeitosos.

Cosmicidade

Pelo que foi dito até aqui, poder-se-ia pensar que a proposta da ética do respeito é, de preferência, um apelo à não-intervenção ou a uma intervenção mínima em nosso entorno natural, a mesma coisa que certos enfoques ecologistas (alguns inspirados em filosofias orientais, como o taoísmo). Mas de modo algum é assim, posto que a ética do respeito não pressupõe, em absoluto, uma opinião negativa nem necessariamente pessimista sobre a capacidade técnica do ser humano.

A idéia de *cosmicidade*, que detalho a seguir, pode ajudar bastante a deixar claro esse ponto, pois representa tanto um *fator que induz ao respeito* como a *capacidade técnica* de que nós, os seres humanos, estamos dotados.

Admiração e medo, prazer e angústia, serenidade e inquietude..., os sentimentos do homem diante do espetáculo global da natureza e do universo oscilam entre esses extremos. Em particular, a contemplação do céu em uma noite clara tem sido motivo tanto de inspiração poética (Shakespeare chamava as estrelas de "candeias da noite", e abundam os motivos relacionados com a paradoxal clarividência da noite escura) como de observações mais sistemáticas, que estão na origem da astronomia. A imensidade da abóbada celeste foi vista, às vezes, como mansão dos deuses, como limite do mundo... mas também, e muito especialmente, como paradigma de *ordem e harmonia*, fontes de serenidade. Digo que essa tem sido uma maneira de *ver*, não que *seja assim* (o que há, na realidade, são centenas de milhares de galáxias afastando-se umas das outras e, em seu interior, grandes explosões: cada estrela, em vez de ser um pacífico farol do céu, é uma bomba com temporizador ou, já, um motor em chamas). Aqui, todavia, nos interessa a imagem multissecular do céu salpicado de estrelas ou – o que dá no mesmo – *nosso sonho*. Como diz Bachelard: "O mundo é tão majestoso que nada ocorre nele: o mundo repousa em sua tranqüilidade. O sonhador está tranqüilo frente a uma água tranqüila. Só se pode aprofundar no devaneio sonhando diante de um mundo tranqüilo. A *tranqüilidade* é o ser do mundo mesmo e de seu sonhador".[84] Não obstante vemos e não obstante sonhamos um mundo tranqüilo e, por sua vez, é esse mundo tranqüilo o que nos permite sonhar.

O significado do vocábulo *cosmos* é exatamente "ordem", e se diz do universo enquanto esse apresenta uma magnífica ordenação, que consiste em que as centenas de pontos luminosos descrevam trajetórias circulares com movimento uniforme. Assim, pois, *cósmico* é equivalente ou muito próximo a harmonioso, ordenado, equilibrado, ajustado, etc., e é usado como adjetivo (se atribui a coisas e a situações), passando a substantivo quando está designando precisamente o universo devido a sua aparência tão singular, harmoniosa e ordenada. Há poucos adjetivos tão positivos como esse, o que fica perfeitamente claro ao se trazer à baila seu antônimo: o *caótico* (junto com o substantivo *caos*). Etimologicamente, *caos* significa "abismo", e foi usado em alguns textos da literatura grega para indicar o espaço imenso e tenebroso que existia antes da origem das coisas.[85] Para se referir ao caos, usa-se a imagem de abismo e suas circunstâncias: queda, falta de qualquer ponto de apoio e de orientação, total impossibilidade de ação, escuridão...[86]

O abismal do caótico – valha a redundância – é a total impossibilidade de qualquer determinação, definição, relação, conhecimento... Cada uma dessas ações já supõe certa cosmicidade. E, naturalmente, o abismal do caótico tem a ver com a morte, não com a vida. Talvez seja por um pressentir o caos como permanente possibilidade que o homem sente prazer ao perceber a cosmicidade e ao sentir-se ou situar-se nela. De fato, a contemplação da cosmicidade não é apenas fonte de um sentimento estético, tem também relação com o agradecimento por se encontrar em uma situação favorável à vida, talvez com a vaga consciência de que isso poderia não ser assim e de que a ameaça da destruição sempre espreita.

Tudo isso diz muito sobre o respeito às harmonias – as cosmicidades – naturais. Por sorte, vivemos mais no cósmico que no caótico (bastaria, talvez, dizer: por sorte, vivemos!). Só que, já demasiado acomodados, tendemos a não valorizar – nem agradecer – bastante a cosmicidade da situação humana. A já citada teoria de *Gaia*, assim como outros temas relacionados com a ecologia, estão desempenhando o papel adicional de lembretes do respeito e agradecimento devidos às cosmicidades que nos admiram, que nos acolhem, e que nos mantêm – pelo menos provisoriamente – resguardados das caóticas profundidades abissais.

Não é que seja preciso acreditar em uma perfeita harmonia da natureza. Além do que as "calamidades naturais" implicam para os seres humanos – terremotos, secas, inundações... – e relacionado com o tema da "evolução", está, por exemplo, a questão da sobrevivência dos mais fortes à custa do sacrifício – do massacre – dos fracos, e, pessoalmente, tenho sérias dificuldades para *ver* nisso alguma harmonia. Contudo, em nossa casa terrestre, *somos capazes de ver e experimentar* harmonias e cosmicidades que, sempre *parciais e provisórias*, são o presente e a condição da própria vida: a harmonia do horizonte que contemplo, da árvore que afunda suas raízes na terra elevando-se até o céu, dos elementos que circundam a brincadeira das crianças no parque, do próprio rosto de uma dessas crianças... Contudo, valorizo mais essas cosmicidades quando circunstâncias adversas tornam impraticável percebê-las. Nosso mundo deve nos parecer, definitivamente, como uma mistura de cosmicidade e caos (com um predomínio da primeira sobre o segundo), e sempre *para* nós visto que o ser humano não é o simples espectador passivo, mas, ao contrário, está envolvido na própria constituição da harmonia – o espectador também configura.

Pois bem, é aqui que a idéia de cosmicidade também é adequada para definir a *dimensão técnica da condição humana*. Partamos de uma obviedade: não só somos capazes de atentar (admirar, agradecer e respeitar) o que se nos apresenta como cósmico, mas também temos a capacidade de *ordenar, de produzir cosmicidade*, o que, neste sentido, nos permitiria falar do ser humano como ser *cosmopoiético* (literalmente, fazedor de cosmos). O ser humano é capaz de modificar substancialmente seu entorno, *ordenando e forjando situações cósmicas*. Por acaso a casa, a cidade, ou a terra de cultivo não são exemplos de ordenações, de cosmicidades? A atividade técnica é a criação de uma ordem com uma determinada finalidade: a casa, para dispor de um espaço para recolhimento, o descanso, a intimidade; a cidade, para facilitar os intercâmbios econômicos, culturais...; as terras de cultivo, para assegurar o sustento...

Dependendo de como se considere, a idéia de *cosmopoiesis* pode incluir muitas das atividades humanas. Um exemplo especialmente privilegiado é o da medicina. Os gregos já haviam pensado na saúde como um estado de harmonia, a enfermidade como um desequilíbrio, e a medicina como uma técnica para restabelecer o equilíbrio perdido. Porém, os gregos não falavam só da saúde do corpo, mas também da do espírito; donde sua tão conhecida expressão "cuidado da alma". A alma, como o corpo, desequilibra-se quando um de seus elementos, ou uma de suas partes, está em excesso ou, pelo contrário, em falta. A medicina do corpo e o cuidado da alma tentarão restabelecer as coisas dando a justa medida, buscando a proporcionalidade, o equilíbrio, a cosmicidade. O cuidado da alma também era chamado de *filosofia*. Por isso, a filosofia deve ser entendida antes como uma maneira de orientar nossa vida, de ordená-la, de fazê-la mais harmônica, do que como uma série de teorias e sistemas explicativos da realidade. O saber filosófico responderia à pergunta "Como havemos de viver?" no sentido de "Como podemos alcançar uma vida justa e harmoniosa?"

Afora esses dois exemplos tão emblemáticos, há uma multidão de outras atividades *cosmopoiéticas*, algumas tão simples como o arranjo dos utensílios na cozinha ou os livros na biblioteca, e outras mais abstratas e complexas como são as da política e as leis, que buscam por em ordem a vida coletiva. Mas agora concentremos a atenção nas atividades propriamente técnicas (construir, fabricar, cultivar...).

O homem é o ser que, em vez de se adaptar sem mais nem menos ao mundo dado, constrói um mundo novo (artificial – cultural) sobre o anterior; em vez de apenas se adaptar às ordens e equilíbrios dados (chamados naturais), projeta e edifica situações e condicionamentos novos, constrói *mundo*, constrói *cosmicidade*, segundo seus próprios parâmetros. O papel da técnica é o da edificação de um mundo sobre um mundo. Pois bem, esse esquema não deve nos enganar no que se refere à relação entre o dado e o construído; não simplifiquemos as coisas. Que relação há entre a *cosmicidade* construída pelos humanos e a do mundo natural? É verdade que alguns mitos gregos já expressavam a invasão e a profanação que a técnica implicava em relação à natureza. Em algum momento, o coro da *Antígona*, de Sófocles, indica como, efetivamente, a técnica podia ser concebida – já naquela época! – como violadora da ordem cósmica. A figura de Prometeu também pode ser interpretada nesse sentido. Tratar-se-ia, isso sim, de uma violação cuja finalidade era criar um lar humano, um habitáculo, um lugar onde o homem pudesse viver e se desenvolver como tal. A *cidade* é, por antonomásia, esse espaço humano. Com tal enfoque, cabe entender que o ser humano se faz a si mesmo ante a natureza; certamente, não é ele o criador da vida, mas sim quem a constrói como vida humana (o que também poderia ser dito deste modo: o ser humano exercita a capacidade técnica a serviço da liberdade para sair da necessidade da natureza).

Contudo, as coisas são ainda mais complexas. Até mesmo reconhecendo certa contraposição da cosmicidade humana com a intempérie da natureza, é justo assinalar, primeiro, que muitas vezes há complementação e subordinação (os povos se construíram próximo dos rios, nos sopés das montanhas...); e segundo, que também muito freqüentemente as ações humanas tomaram como modelo a cosmicidade natural. Assim, por exemplo, o cultivo da terra tem sido feito desde sempre seguindo as orientações da natureza, do cosmos, do céu estrelado: "Logo que se ocultam as Plêiades, as Híades e o forte Órion, lembra-te de que começa a época da lavoura"; o mesmo que a colheita do fruto: "Quando Órion e Sírius chegam à metade do céu e a Aurora de rosados dedos pode ver a Arturo, oh Perses!, então corta e leva para casa todos os racemos", lê-se em um dos textos mais antigos da literatura grega.[87] E, evidentemente, são muitas mais as coisas que se tem feito guiando-se pela natureza, não tão-somente o cultivo da terra. Em quantas de nossas atividades a harmonia natural não nos serve ainda de ponto de referência? Na Antiguidade, isso se destaca sobretudo no âmbito da política, para quem a harmonia e o equilíbrio naturais foram paradigma indiscutível. Se examinamos as fontes chinesas mais antigas, ou as inscrições do Egito, da Babilônia, da Assíria ou da Pérsia, por toda parte encontramos a ordem do Império interpretada como uma representação da ordem cósmica no meio social humano. O Império era concebido como um cosmos analógico, um pequeno mundo que refletia a ordem do mundo grande que o continha. Nesse esquema se inspirou a concepção platônica, porém uma vez mais temos que ser cautelosos diante da complexidade do assunto: em *A República*, a relação fundamental se estabelece entre o *cosmion* da pólis e o da alma, sendo este segundo o verdadeiro protagonista: a autêntica ordem política se funda na ordem da alma. No campo político – ainda que não só nele – temos que apurar bem nossa percepção, pois, às vezes, sob a aparência de uma ordem muito forte, só se esconde rigidez, decadência e caos: nessa pseudocosmicidade foram constituídas as tiranias de todos os tempos. Hoje, temos a opinião de que a melhor ordem política é a democrática, mas isso não significa que já podemos contar com haver encontrado a solução definitiva para o problema político: a ordem democrática é sempre um horizonte em direção ao qual dirigimos nosso esforço, e não uma possessão na qual vamos nos descontrair e repousar placidamente.

Há algo que caracteriza muito em especial as ordens de criação humana e não aparece da mesma maneira nas ordens naturais. Todas as cosmicidades feitas pelo ser humano estão submetidas ao desgaste, à decadência e ao desaparecimento. Ainda que a realidade inteira do universo corra o mesmo risco por causa do princípio de entropia, no entanto, o que nós mais *experimentamos* é a decadência do humano; todas as nossas criações levam a marca de nossa condição *mortal*. Desde o primeiro dia, a vida está ameaçada pela morte e, na melhor das hipóteses, o envelhecimento se produz gradualmente, e a morte chega quando já se viveu algum tempo. E não apenas nós, as pessoas, mas sim todo o humano está submetido ao desgaste do tempo: os muros se racham, as roupas se traçam, os utensílios se oxidam e desgastam... Dado que a realidade acarreta decadência e desgaste, o ser humano não apenas deve criar e construir cosmicidade, deve também procurar *mantê-la*. É preciso substituir as telhas, consertar as máquinas, proteger os cristais, lavar o rosto (também há quem use *cosméticos*, embora muitas vezes dissimulem mais do que reparem, pelo que deveríamos chamá-los, mais propriamente, *dissimuladores*)... O camponês pega um pedaço de terra erma, corta e arranca os matagais, afasta as pedras, lavra a superfície da terra, planta cepas e, assim, obtém um vinhedo, mas sabe muito bem que, depois de conseguir essa primeira ordem, deverá se esforçar para mantê-la, pois as chuvas farão sulcos no solo, as "ervas daninhas" crescerão, todo ano será preciso podar as cepas... Por tudo isso, o camponês deverá regularmente acudir à vinha para cuidar dela. Havemos de gastar grande parte de nossas energias em uma luta constante contra a decadência; o mítico Cronos, personificação do tempo, devora seus próprios filhos.

Pois bem, a técnica é uma espécie de resistência contra o desgaste do tempo. A verticalidade do mundo construído, como a verticalidade da própria vida, está ameaçada pelo afundamento e pela queda – "afinal, tudo cai" – dizia um velho pastor. Por isso temos que nos esforçar para nos mantermos em pé e para manter em pé todas as coisas: o mortal e suas obras. (Apesar de hoje em dia estar acontecendo uma mudança importante com respeito às nossas obras: tradicionalmente, os produtos, as fabricações e as construções do *homo faber*, mesmo sendo perecíveis, eram-no muito menos que a curta vida de seus autores, enquanto que, na atualidade, cada vez é maior a quantidade de produtos técnicos que resultam muito pouco duradouros. Não parece senão que a técnica está abandonando sua luta secular contra o tempo para se converter em sua aliada!).

Mais duas considerações sobre o tema do declínio: a primeira, por que, os seres humanos, nos esforçamos em continuar ordenando se, em última instância, todas as cosmicidades estão condenadas ao desaparecimento? A resposta é um tanto óbvia: esforçamo-nos para ordenar, em seguida, para manter o que foi ordenado porque, *enquanto esta cosmicidade se mantiver, ela dará frutos* – o vinhedo dará uva, e a uva, vinho; as casas darão abrigo; os veículos, a possibilidade de transportar mercadorias; as instituições, serviços... E cabe acrescentar, embora como algo independente, um fator relacionado com a dimensão religiosa: o ser humano experimenta satisfação e gozo ante o cósmico (ante os cosmos que se apresentam a ele e os que ele mesmo constrói) pelos frutos que obtém deles, mas assim mesmo pelo simples fato de se encontrar em uma situação harmoniosa que pode levá-lo a *esperar uma cosmicidade livre de toda a ameaça e decadência*. A esperança religiosa tem relação com isso; com o que sabemos que é fugaz e, no entanto, quiséramos fosse eterno.

Relacionado com o tema da decadência, há outro aspecto igualmente óbvio e que dá motivo para a segunda das considerações de que falamos: tínhamos visto que cabe entender a capacidade técnica como *cosmopoiesis*, mas, de fato, essa capacidade pode se realizar exatamente como o oposto, ou seja, a técnica se estende como transformação do mundo com a finalidade de dar lugar à cosmicidade e harmonia, mas muitas vezes chega, ao contrário, a se fazer cúmplice do caos: em forma de guerra e destruição, ou, menos tragicamente, na *complicação* e *confusão*. De modo que *a questão não está em transformação técnica ou não, mas sim em que tipo de transformação efetuamos*. Trabalhamos em direção a um mundo mais harmônico e cósmico, ou para um mais complicado e confuso? Enquanto o cosmos é *plural*, o caos conota indiferenciação máxima (por isso as cosmogonias são geralmente gênese de um cosmos diferenciado – valha a redundância – a partir de um suposto caos originário, ou da originária confusão); a cosmicidade é, melhor dizendo, diferença e simplicidade, e todo processo de indiferenciação e de complicação vai rumo ao caótico. A palavra *entropia* também serve para indicar esse processo de diminuição da diferenciação e maior homogeneidade. Se se é pessimista com relação aos caminhos nos quais se comprometeu a civilização contemporânea, se concordará com observações como a de Levi-Strauss em *Tristes trópicos*:[88] nós, os homens, vimos destruindo o nosso mundo e agora só nos resta destruirmos a nós mesmos, ser nossos próprios depredadores. E, com um engenhoso jogo de palavras, o velho antropólogo arrisca que a antropologia, ciência do homem, culminará em "entropologie" (em francês), ou seja, em ciência da entropia, da extinção. Naturalmente, não é preciso compartilhar a opinião de Levi-Strauss para reconhecer que a complicação é uma característica bastante notória de nosso mundo, e somente isso já é razão suficiente para que estejamos preocupados. Observemos que uma coisa é a *complexidade* e outra é a *complicação*; da primeira à segunda há certa degradação. A complicação é como um desnecessário adicional de complexidade, um sintoma de processo insensato, gratuito, artificioso. E, sobretudo, é preocupante como sintoma de um processo de progressiva degradação já que, depois da complicação, vem imediatamente a confusão. Essa ameaça já está se tornando, em parte, realidade: a complicação está configurando – ou melhor, desconfigurando – nosso mundo a tal ponto que a responsabilidade social e política de que estamos incumbidos principalmente é a de fazer frente a essa complicação, e a maior irresponsabilidade seria que todos aderíssemos a esse processo. Nessas circunstâncias, o pessimismo consiste no pressentimento de que a confusão não tem saída, de que o enredo já é irreversível e sem solução, de que depois da confusão já não seremos capazes de alcançar nenhum tipo de cosmicidade, mas, ao contrário, sumiremos na mais profunda degradação, em uma noite amorfa e atáctica.

Independentemente de quão otimistas e esperançosos, ou pessimistas, sejamos cada um de nós, o certo é que a complicação e a confusão fazem parte do nosso mundo atual e, diante disto, só cabe ou o consentimento à decadência (consentimento consciente ou conseqüência da distração banal em que estamos imersos), ou o esforço para inverter a tendência (do caótico para o cósmico). Para isso, o que se requer em primeiro lugar é esforço em e para compreender. As possibilidades de melhorar uma situação dependem muito do grau de lucidez que se alcance em relação a ela. O que se requer em segundo lugar é tenacidade e paciência; a violência e a guerra não são nunca solução para a complicação. A única forma de desfazer um enredo é buscar as pontas dos fios e puxá-las com cuidado. Mais que nada, é preciso dar tempo ao tempo com empenho vigilante e prudente no esforço para melhorar a situação.

Até aqui, então, definimos a técnica como *cosmopoiesis* e, no fundo, insinuamos a idéia de que a contraposição decisiva não é a de natural–artificial, mas sim a de cósmico–caótico. E assim se há de respeitar não apenas as cosmicidades naturais, mas também as técnicas e as artísticas.

Se alguém, ao ir passear no campo, encontra o ninho de algum pássaro, por exemplo, um de tordos, que é uma meia esfera feita com centenas de raminhos e de ervas secas, não pisará nele, não o destruirá com um golpe de bastão... ao invés, seu olhar se entreterá admirando esse pequeno cosmos, lar dos filhotinhos. Aqui há algo de respeito, embora talvez em doses homeopáticas. O bosque também é um cosmos, é vida, abriga a vida e é cúmplice da nossa. É preciso muita falta de atenção, muita frieza ou muito ódio acumulado para, premeditadamente, se incendiar um bosque.

A velha tela de um pintor pode ser respeitada por sua fragilidade, mas também, naturalmente, por sua beleza, por sua harmonia. Assim, por exemplo, partilho com muitos a admiração por um dos últimos quadros de Rembrandt: *A volta do filho pródigo* (1669), que se encontra no Ermitage de São Petersburgo. Emociona-me a forma de tratar o tema. Ao contrário de outro que o artista pintou na sua juventude, o protagonista desse quadro não é o filho, mas o pai, que acolhe em seus braços o jovem maltrapilho, cuja miséria fica totalmente absorvida nesse abraço. Extraordinários claros-escuros; uma luz inunda o rosto do ancião, que dirige o olhar para baixo. Ignoro a quantidade de coisas que um bom crítico de arte poderia comentar sobre esse quadro, mas do que estou certo é que um dos seus principais valores é a harmonia que expressa, por sua vez, convergência de diferentes harmonias: a cromática, a das luzes e sombras e, sobretudo, a das figuras do pai e do filho. Meu respeito é respeito a essa excelente beleza harmoniosa, à sublimidade dessa beleza. Ante ela, meu espírito se inclina.

O respeito à cosmicidade procede destes dois focos: *a beleza e a aliança com a vida*; a beleza da cosmicidade ou a cosmicidade da beleza e a aliança que a cosmicidade mantém com a vida.

Segredo

Em um dos livros do Zhuangzi há uma história que fala com muita imaginação da "utilidade de ser inútil". Um carpinteiro e seu aprendiz passam perto de um gigantesco carvalho que era tratado pelas pessoas daquele povoado como o espírito do lugar. O carpinteiro passa sem prestar nenhuma atenção, mas o aprendiz, que parou contemplando tão magnífico exemplar, pergunta ao mestre por que não considerou a possibilidade de se aproveitar de sua madeira. O carpinteiro lhe responde que essa árvore é inútil, de madeira ruim e que não é proveitosa para nada. Já de volta em casa, uma noite o carpinteiro sonhou com o carvalho, que lhe dizia: "Há longo tempo busco a inutilidade total, estive prestes a morrer sob o golpe do machado, e agora por fim consegui alcançá-la: nisso se apóia minha enorme utilidade. Se houvesse servido para algo, teria alcançado esse tamanho? Ademais, tu e eu somos coisas, como poderia, pois, uma coisa julgar a outra? Um inútil como tu, que logo hás de morrer, como pode saber se sou uma árvore inútil?"[89]

Entre as coisas desse relato que se poderiam comentar, duas vêm mais ao caso aqui: o grande carvalho, por trás de sua aparente inutilidade, guarda um *segredo*, seu segredo, e este segredo é ele mesmo, a árvore. Sua intencional aparência de inútil busca nos distrair para assim se salvar... Uma pergunta permanece aberta: que aconteceria se alguém não se deixasse levar pela primeira aparência e prestasse mais atenção? Acaso notando a utilidade se aproveitaria da árvore, ou talvez, com mais atenção, chegaria a ver que o autêntico segredo consiste precisamente em que árvore seja capaz de guardar um segredo?

O segundo aspecto do texto que merece ser destacado aqui é a referência da árvore aos limites do conhecimento do mortal e às suas vãs pretensões; reflexão quase análoga às de Pascal:

> Porque, vejamos, o que é o homem em meio à natureza? Um nada em relação ao infinito, um tudo em relação ao nada, um meio termo entre o nada e o tudo. Infinitamente longe de compreender os extremos, o fim e o princípio das coisas estão para ele invencivelmente ocultos em um segredo impenetrável, e é tão incapaz de ver o nada de onde foi tirado como o infinito em que está submerso.[90]

Além de dar ênfase aos limites do conhecimento, Pascal também fala do *segredo*...

Para o que quero indicar, parece-me adequada a palavra "segredo", mas também a palavra "mistério". Ambas remetem ao oculto e ao que não se pode conhecer, o segredo com a nuança de ser algo separado, cuidadosamente reservado. O fato de haver optado preferivelmente por "segredo" não se deve a que *saiba* que há alguém que o *guarde*; talvez não haja *ninguém*...

Existe algo assim como um segredo nas pessoas e também, dependendo de que coisas e situações da vida, algo assim como uma profundidade insondável, um sentido inalcançável. Para justificar essa idéia é preciso fazer referência aos limites do conhecimento; porém essa não é uma questão meramente epistemológica, mas também, por assim dizer, ontológica; ou seja, não se trata de *opacidade gnosiológica*, e sim também de *riqueza ontológica*.

Talvez esclareça um pouco o que quero indicar com o termo *segredo* extrapolando uma frase de Adorno: "A normalidade é a enfermidade de nosso século"[91] – e a do nosso. O domínio da normalidade tem duas vertentes, sendo uma delas a que mais me interessa aqui. A primeira se parece ao que Ortega também havia argumentado ao contrapor a massa com certa aristocracia de inteligência; a segunda vertente abarca o conhecimento *normal* da realidade e a hipótese ou a *promessa de transparência*. O domínio da normalidade coincide com a ausência tanto do excelente (o que sobressai por bondade, mérito ou estima) como do admirável (por extraordinário, por surpreendente, por inesperado) e do misterioso (o não explicável, nem compreensível). Além disso, resulta que, do mesmo modo que em sua acepção médica, o normal é de aparência positiva, ao contrário do patológico: quando se diz que a conduta de certas pessoas é normal, ou que algumas coisas que acontecem são normais, entende-se que está certo que seja assim.

Dentro do campo do conhecimento, podemos falar do *conhecimento normal* das coisas, o qual se deve, cada vez em maior proporção, à divulgação científica. Nesse tipo de normalidade é muito raro que caibam os segredos; aí, essa palavra soa estranha, alude ao esotérico, ao sectário ou ao que não é de confiança. Mas o que desejo aqui é justamente o contrário: poder utilizar a palavra *segredo* sem o peso dessas associações. E, mais uma vez, o segredo para perceber o segredo consiste em se esforçar para prestar atenção.

Segredo e mistério não significam o mesmo que problema. O problema pode ser resolvido; segredo e mistério, como empregamos aqui, nunca serão objeto de resolução. O problema é algo objetivo, no sentido quase literal de estar diante, de fazer frente; em compensação, o mistério e o segredo são, antes, algo que afeta o indivíduo, que o implica, em relação ao qual o indivíduo se encontra comprometido. Assim, em relação a todo o mundo, o indivíduo fica como que envolto, submerso. Alguns autores falaram muito expressivamente do "sentimento oceânico", que não é exatamente a admiração ante algo, mas o sentimento de uma co-pertinência ao mundo.[92] Mas o segredo também está nas coisas simples e concretas, como na árvore citada, ou no caminho do campo de que fala Heidegger, e sempre se trata de algo que afeta o indivíduo para além de seu existir como objeto; a árvore aparecia em sonhos ao carpinteiro, e o caminho *se introduz no homem*: "O simples contém o enigma do que permanece e é grande. Entra de improviso no homem e requer uma longa maturação".⁹³ Naturalmente, temos mais um exemplo privilegiado na experiência do outro: se realmente não entendo o outro como objeto mas sim como pessoa, sua presença me atinge (não é só que eu possa encará-la, é sobretudo ela que, encarando-me, me interpela e me abarca). A presença do outro guarda um segredo.⁹⁴ Claro que um olhar pouco atento sempre pode degradar a presença e o mistério, rebaixando-o a mero problema ou nem sequer a isso.

Ver as coisas dessa maneira não significa menosprezar o conhecimento científico ou considerá-lo inadequado, mas antes reconhecer seus limites e os limites que em geral temos em nossa perspicácia do mistério da realidade. Por isso, mesmo sendo aliados e admiradores do conhecimento científico, é necessário se opor à ideologia reducionista que, com freqüência, se difunde através dele. "Isto não passa de..." é uma das expressões que melhor ilustram tal ideologia. Que aquela árvore *não passe de* um conjunto de células... ou que até o próprio pensamento humano *não passe de* uma enorme rede de conexões neurais... são maneiras de reduzir e não de informar o segredo. A correção é muito simples, bastaria dizer que "a árvore é um conjunto de células", ou que "o pensamento tem relação com um conjunto de conexões neurais", com o que não se pretende esgotar sua realidade, nem se impede que possamos observar seu segredo.

A ideologia reducionista se prolonga na promessa da transparência, ou seja, na da idéia de que, com o tempo, iremos conhecendo *tudo*. Esse lugar foge das encruzilhadas mais fundamentais, como é a da interioridade. O segredo não está apenas no outro, também está no próprio ser, no mais profundo do próprio ser, na imensidade íntima. Ou, por acaso, alguém pode dizer – e ser assim – que entende completamente a si mesmo, ou que é totalmente transparente em relação a si mesmo? O mais íntimo do ser humano, a que também se tem chamado de a ipseidade, guarda um segredo; segredo, no melhor dos casos, detectado, mas nunca absolutamente elucidado. O respeito não ousa olhar cara a cara a própria ipseidade; donde se contente, como os prisioneiros da caverna, com a visão de sua imagem refletida. Só penetra um pouco na esfera da ipseidade, mas não lhe é permitido penetrar até o centro, porque o centro é verdadeiramente outro. Já dissemos antes que, para evitar mal-entendidos, não convém abusar da palavra *sagrado*. No entanto, aqui ela vem ao caso porque a característica fundamental do sagrado consiste, como o segredo, em ser *à parte*, em constituir um *mundo separado* por estar investido de um valor *intangível*. O sagrado implica uma "ruptura de nível ontológico" e alude a uma transcendência mais além de sua expressão imediata em um objeto ou em um lugar. Tal nível ontológico novo supõe um gênero de realidade no sagrado mais consistente e pleno que as realidades do mundo profano que conhecemos. O que é à parte não precisa estar longe, pode estar neste mesmo mundo, mas ainda aqui é algo distinto. "Sagrado" é outro nome do segredo.

Os sentimentos mais fortes de nossa existência têm relação com o segredo. Se uma droga pudesse anestesiar a consciência de tal maneira que ela já não sentisse mais essa separação que a fere, essa profundidade que a inquieta, o ser humano ficaria curado de sua humanidade. Haveria se livrado da esperança e, ao mesmo tempo, do desespero.

Uma cura de humildade conviria às promessas de transparência. Como dizia Kant, o que mais nos interessa é o que menos conhecemos – e conheceremos. Aparentemente, a civilização técnico-científica se caracteriza por um crescente domínio da situação. Decifração e controle: com essas duas características se está apresentando o conhecimento atual do genoma humano. Afortunadamente, com o auge do controle, algumas enfermidades muito graves poderão ser evitadas. Bem-vindas sejam todas as aplicações terapêuticas derivadas desse conhecimento. A questão não é esta, mas sim, como sempre, o comedimento com que as coisas devem ser apresentadas. Ninguém acredita que na decifração do genoma está a resposta a nossas questões mais sérias, nem a nossos sentimentos mais profundos. O segredo da fonte vai permanecer: será sempre mais o que nós expliquemos sobre o genoma do que o que o genoma explique sobre nós.

Por definição, sabemos pouco ou nada do secreto e misterioso. Sabemos, isso sim, que é muito importante e que é o que mais nos interessa, razão pela qual não podemos deixar de falar dele (apesar do conselho de Wittgenstein de que "sobre o que não se pode falar, melhor guardar silêncio"). Na devida proporção, a filosofia é essa paradoxal tentativa de falar do que – quase – não se pode falar: discurso ao limite, em zona fronteiriça.

O segredo e o mistério do mundo, das coisas simples, das pessoas, do próprio ser... nos obrigam a adotar uma atitude respeitosa. Respeito pelo que não conseguimos conhecer, respeito pelo que se mantém como segredo e que constitui a autêntica densidade do outro, dos outros e de nós mesmos.

Uma vez feita a caracterização dessas três peculiaridades e já com um olhar mais de conjunto, cabe fazer, finalmente, algumas observações: por enquanto, que *fragilidade*, *cosmicidade* e *segredo* são termos expressamente vagos, sendo, não obstante essa vaguidade, mais uma virtude que um inconveniente. A realidade é por demais rica para se querer encerrá-la entre as grades de rígidas determinações. Além disso, ainda que as peculiaridades sejam das coisas, o sujeito que as percebe também as configura. O olhar atento é configurador, portanto, como limitar com precisão o universo do respeito? Isso significaria algo assim como limitar nossa capacidade de atentar. Para piorar, não esqueçamos que em nenhum momento se pretendeu aqui que não haja outros traços relacionados com o respeito e diferentes dos mencionados. O que se afirmou é que esses traços, sim, estão relacionados.

Fragilidade, cosmicidade e segredo existem plenamente no ser humano; razão pela qual se entende que o respeito se dirija, em especial, às pessoas, e inclusive que alguns autores o tenham restringido apenas a esse âmbito. Mas vimos que também se podem atribuir as citadas características a animais, coisas, situações... de modos diferentes e talvez com gradações distintas, e não necessariamente as três ao mesmo tempo...

No núcleo do respeito – e também de uma teoria do respeito – já se nos revela uma estrutura dual; por um lado, o movimento do olhar atento, por outro, a profundidade da realidade em si mesma, às vezes exprimível pelos termos citados. O respeito resulta ser uma das melhores traduções da riqueza da situação humana.

Finalmente

A humildade e o olhar
(ou a dimensão cognitiva da humildade)

Se graças à idéia de olhar atento pudemos aprofundar a noção de respeito, poríamos a perder uma magnífica oportunidade se, a propósito dessa mesma idéia, não recuperássemos pelo menos uma parte da velha virtude da *humildade*. Pois acontece que a humildade, além de ser aquela atitude que está na origem de outras virtudes e que as acompanha (como poderia alguém ser verdadeiramente justo, sábio, generoso ou sincero sem a humildade necessária?), tem uma *dimensão cognitiva* que se liga diretamente com o tema do olhar; existe uma estreita relação da humildade com a percepção e o conhecimento.

Anteriormente, no capítulo terceiro, falei da admiração, da pergunta e do diálogo como modos de intensificar a atenção. Pois bem, a humildade é a atitude que os precede a todos e que os torna realmente possíveis.

A relação entre olhar atento e humildade tem bastante de circular. No capítulo quarto, explicou-se como o olhar atento em direção às pessoas e às coisas (o mundo) era a melhor maneira de sustar o egoísmo (a melhor terapia contra este). Agora devemos mostrar como o olhar atento em direção a si mesmo leva à consciência da finitude e à humildade, que, sem dúvida, são as melhores terapias contra o orgulho e a arrogância, formas de auto-enaltecimento.

Etimologicamente, "humildade" deriva de *humus*, que significa "terra". O humilde era o que se podia reduzir à terra ou o que estava muito próximo da altura do barro. Assim, por exemplo, "casas humildes" eram as choças de teto baixo, ou "voar humilde" significava voar rente ao chão. A partir dessa significação física e topológica, deu-se uma primeira atribuição às pessoas, mais propriamente de caráter pejorativo: baixa categoria, pobreza, miséria e ignorância... *Humildade* se converte em sinônimo de *baixa condição social*. Diante dessa situação, o cristianismo – ainda que não apenas ele – procedeu a uma inversão do valor, conseguindo que a humildade e a pobreza passassem a obter a maior das conotações positivas: "Bem-aventurados os pobres porque deles é o reino de Deus. Bem-aventurados os que têm fome, porque serão saciados. Bem-aventurados os que choram, porque serão consolados".[95] E mais tarde, jogando com o sentido literal da palavra, Santo Agostinho escreverá: "Queres levantar um edifício que chegue até o céu? Pensa antes em colocar o fundamento da humildade". Eis aí, pois, o paradoxo que introduz a tradição judeu-cristã: a forma de ir para cima é abaixar-se. Por isso a humildade ignora o que é cair, mas sabe o que é subir.

No entanto, a inversão cristã pode ser julgada de maneira diferente e, por sua vez, ser objeto de uma nova inversão. Do mesmo modo, por exemplo, é bastante conhecido o feroz ataque que Nietzsche lança a todo elogio da humildade e dos humildes. E, em parte, podia ter razão: não cabe a possibilidade de que a humildade seja a sombra do ressentimento ou do niilismo? Quantos não se rebaixam a si mesmos para também depreciar o mundo e a vida? E quantos não escondem sua covardia sob a forma da humildade? Autêntico mestre na hora de colocar imagens, Nietzsche escreve: "O verme pisado, se enrosca. Isto é inteligente. Com isso reduz a probabilidade de ser pisado novamente. Na linguagem da moral: *humildade*".[96] São próprias ao verme, que vive no barro e na terra – *humus* – ações também "baixas": enroscar-se, evitar o perigo e se defrontar... É assim que Nietzsche vê a humildade. Os humildes são para ele como vermes, covardes e de visão estreita, que sobrevivem no mais baixo, submetem-se, e se *humilham*, apenas para sobreviver. O autor do Zaratustra também se atém ao sentido literal, mas não encontra nele nenhum indício de força, de nobreza ou de bondade.

A temática é suficientemente complexa e rica para que a denúncia nietzscheana precise ser levada em conta, mas não necessariamente de forma generalizada: onde está a covardia, o ressentimento e o niilismo de Madre Teresa de Calcutá ou de tanta gente anônima que dedica sua vida ao cuidado dos demais? A verdadeira humildade não tem porque diminuir ou complexar, convertendo o homem em pusilânime, covarde ou preguiçoso. É evidente que, como acontece com *respeito*, *humildade* é uma palavra bastante carregada de significado, com uma longa tradição e com uma pesada e volumosa bagagem. O que convém é discernir em que sentido se quer falar dela ou qual é a parte da bagagem que mais importa; no nosso caso, colocamos a prioridade na recuperação destes dois aspectos – quanto ao mais, interligados: a dimensão cognitiva da humildade e a contraposição entre humildade e arrogância. Enquanto a humildade acarreta um aumento das possibilidades da percepção, a arrogância e o orgulho as reduzem.

De onde se vê melhor as coisas, de cima ou de baixo? Ao longo da história do pensamento filosófico, com freqüência se privilegiou a visão que se pode obter das alturas: o cume de uma montanha, a torre, o vôo da ave noturna... têm sido referências recorrentes para indicar o ponto de mira ou enfoque mais adequado para obter a visão da totalidade das coisas. E é verdade que, do alto se vê melhor o caminho percorrido ou como umas partes se encaixam com outras... Mesmo que – de fato – se veja tudo em miniatura e alguns aspectos não sejam divisados, prevalece o valor da visão panorâmica. Todos os aficionados em alpinismo sabem quão reconfortante e maravilhosa é a vista que se obtém do cume de uma alta montanha: quase por cima das nuvens, essa paisagem única que se descortina para nós é todo um *mundo*. Contudo, é preciso agora introduzir aqui uma dupla possibilidade que a altura oferece, especialmente no que se refere à maneira de ver-se a si próprio. Com efeito, e no sentido do que estávamos dizendo, muitos se sentiram *pequenos* ao contemplar essa imensa paisagem, mas talvez outros se vejam como deuses. O que se condicionou chamar de "complexo de Atlas" consiste em uma espécie de contemplação monárquica; ao subir, diminui-se o mundo para se exaltar a ascensão. Será mera casualidade que reis e divindades ocupem lugares elevados? Os tronos reais servem tanto para que todos os súditos vejam o soberano, como para que este possa olhá-los de cima, o que se podia alegar para justificar que o rei atuasse também como juiz: ao estar por cima das coisas, podia vê-las melhor e com imparcialidade. No entanto, é igualmente plausível supor que essa diferença de nível comportasse algum desconhecimento. O melhor dos juizes não é o que se mantém na generalidade abstrata das leis, mas aquele que é capaz de se aproximar da particularidade e da concreção do caso que há de julgar. A boa aplicação da lei dependerá dessa capacidade de aproximação do concreto (capacidade que Aristóteles chamou *epikeia*). Pois bem, às vezes aproximar-se das coisas significa "baixar"...

O que é que, em geral, se vê *de baixo*? Pois é justamente o contrário do que se vê do alto: tudo aumenta de tamanho e os detalhes e as singularidades de cada coisa são mais bem apreciados. Ao rés do chão, olhamos para cima e não para baixo, como as crianças pequenas que, ao olhar espantados para cima, vêem tudo grande.

A humildade indica precisamente uma posição a partir da qual as coisas são vistas em sua grandeza, e por isso os que se autoconsideram importantes e poderosos não costumam ter interesse nenhum em adotar tal posição. A humildade vê o mundo a partir do horizontal da terra, a partir da altitude zero. Mas eis aqui que essa aparente limitação espacial pressupõe uma promessa de visão ontológica. Ou seja, que de baixo se vê o alto! Ver as coisas de baixo, ou de perto, não por cima do ombro, nem simplesmente como encaixes de um conjunto indistinto... ver a cada um dos seres em sua singularidade, essa é a contribuição epistemológica da humildade, que supõe uma ampliação do perceptível a partir do alto ou de um plano intermediário.

Naturalmente, isso das altitudes e a localização espacial são apenas metáforas; o genuíno lugar humilde tem a ver mais propriamente com coordenadas de outra índole. Como se situar na posição epistemológica da humildade? Por quais escadas ou por qual caminho é preciso descer? Qual é o *método* de descenso? Há uma rota que nos levará com toda segurança ao destino desejado: consiste em perceber a própria *finitude* – quer dizer, a própria pequenez. Na linguagem coloquial, a expressão "não somos nada" pretende, em ocasiões muito particulares, expressar essa coincidência. Também se pretende o mesmo com a expressão um pouco menos extrema "não somos grande coisa". Pensar regularmente na morte, como recomendam Epiteto ou Marco Aurélio, meditar sobre quão breve é nossa vida, ou em que todos nos converteremos em terra e cinzas, são caminhos breves e eficazes para obter e manter essa consciência da finitude, esse conhecimento de nosso próprio *nada*.

A contingência ontológica do ser humano e sua mortalidade, suas limitações epistemológicas e sua instabilidade afetiva, são expressões inequívocas de sua finitude. A reflexão sobre nós mesmos se converte, necessariamente, em um convite à humildade. Descartes definia precisamente a humildade virtuosa como "a *reflexão* que fazemos sobre a debilidade de nossa natureza e sobre as faltas que tenhamos podido cometer ou que somos capazes de cometer [...]".[97] Se a vocação do ser finito consistisse em ser plenamente consciente de sua condição, se evitariam grandes males, provocados, muitas vezes, pela cegueira em relação a si mesmo, que o orgulho, a soberba e a arrogância supõem.

De fato, cabe alguma dúvida de que a soberba é uma miragem, uma visão deformada da própria realidade, visão que nos leva a aparentar e presumir? O orgulho também nasce da ignorância de si mesmo; quem verdadeiramente conhece a si mesmo não se envaidece. Sentimos mais afinidade e simpatia pela pessoa humilde que pela pretensiosa, mas, além disso, não cremos naturalmente que o desavergonhado pretensioso comete um erro crasso no que se refere a si mesmo? Portanto, a humildade é conhecimento, e o orgulho, ignorância. Do mesmo modo que a crítica kantiana tinha que corrigir o erro em que se instala toda posição dogmática, a atitude humilde corrige o erro em que se instala o orgulho.

Assim, pois, a tese de que a humildade incrementa o conhecimento se confirma ao considerar o que ocorre com seus antônimos: arrogância, orgulho, vaidade e soberba pressupõem, por enquanto e no mínimo, obstáculos epistemológicos. O que é, por exemplo, que acontece com o típico intelectual vaidoso? Não se pode negar que, às vezes, a vaidade, a arrogância e outros vícios contrários à humildade contribuem para a aquisição de conhecimento e para o empenho investigador, mas em geral e a longo prazo, a humildade é muito mais fecunda. A primeira das preocupações do intelectual vaidoso é a concernente ao seu aspecto exterior, o que implica mais interesse pela aparência de saber do que pelo próprio saber; contínua pretensão de "originalidade" que lhe faz preferir sempre uma linguagem sofisticada e um tanto crítica; é pouco ou nada receptivo às críticas dos demais – ao menos enquanto esses se acham presentes; é notória sua falta de generosidade e, até de capacidade para poder apreciar as propostas de outras pessoas, etc. Por tudo isso, a vaidade é claramente um lastro. Ao contrário, a falta de preocupação por se mostrar brilhante libera a pessoa humilde e a torna mais atenta para corrigir seus pontos de vista, especialmente em espaços públicos e competitivos. Ao contrário do intelectual envaidecido, a pessoa humilde tratará o trabalho dos demais com justiça e generosidade, reconhecerá suas dívidas intelectuais, e entenderá a originalidade como o possível resultado de um trabalho honesto, e não como fim em si mesma.[98]

A humildade não impede a necessária auto-estima, mas sim evita o auto-engano. Auto-engano como o que existe no mito de Ícaro: envaidecido por se ver voando como águia, esquecendo que suas asas eram emprestadas e só estavam pregadas ao seu corpo com cera, voou tão alto em direção ao Sol que o calor deste derreteu a cera, as asas se soltaram, e Ícaro se precipitou no mar, onde morreu, sem que seu pai Dédalo pudesse fazer nada por ele. Além disso, ao contrário do orgulho, a humildade é portadora da paz, com os outros e consigo mesmo. Daí a benevolência do conselho de Don Quixote a Sancho: "Simplicidade, rapaz. Não te metas a alturas, que toda afetação é má".

A arrogância implica também uma espécie de estupidez voluntária. Hoje em dia, nos momentos em que ainda temos o ânimo desperto, a arrogância com que estamos depredando o planeta e a forma como nos dedicamos a um consumismo sem limites se tornam sumamente inquietantes para nós. Quando uma grande parte da humanidade subsiste a duras penas na pobreza e já são muitos os problemas de contaminação e grave deterioração de nosso habitat, fala por si só o fato de que há gente que viaja de avião para ir fazer compras ou jantar (e isto é apenas a ponta do iceberg, que se sobressai por sua falta de pudor). Tanta arrogância e tanto orgulho surpreendem quando a vida é uma contínua lição de humildade.

Arrogância e banalidade, que se traduzem em hábitos cotidianos e em maneiras de não pensar, têm-nos situado nas vias superficiais da comodidade, no esnobismo e na drogação consumista; caminhos que se afastam cada vez mais da paz e do sossego.

Talvez caiba falar um pouco de consolo nas vozes que, de um tempo para cá, estão nos convocando à moderação e à austeridade de nossa forma de vida. Nesse sentido, humildade e austeridade vão juntas: enquanto a humildade contrasta com a arrogância, a austeridade é contrária à gula e aos excessos consumistas. Contudo, como é fácil se confundir, é preciso determinar bem as coisas: a verdadeira austeridade nada tem a ver com ofertas de vida aparentemente austera com propósitos consumistas. A verdadeira austeridade leva a rechaços que não buscam a auto-satisfação. Tampouco devemos reduzir a austeridade a uma espécie de penitência que nos impuséssemos em vista do luxo e da superabundância em que nos instalamos. Dito de outro modo: não se deve assumir a austeridade como uma compensação, e sim como um modo de vida que tem sentido em si mesmo.

Façamos aqui uma breve observação a propósito da idéia de *nova humildade* que Hans Jonas utiliza em sua conhecida proposta ética. Lemos:

> Assim, pois, se a natureza de nossa ação exige uma nova ética de maior responsabilidade, proporcional ao alcance de nosso poder, então exige também – justamente em nome dessa responsabilidade – uma nova classe de humildade. Porém uma humildade não devida, como antes, à nossa insignificância, mas sim à excessiva magnitude de nosso poder, ou seja, ao excesso de nossa capacidade de fazer sobre nossa capacidade de prever e sobre nossa capacidade de avaliar e de julgar.[99]

E, em outro texto posterior, Jonas incorpora a idéia de humildade às de moderação, austeridade e continência, falando de "uma nova *humildade* nos objetivos, nas expectativas e no modo de vida".[100]

De modo que ele entende que a idéia de nova humildade pode ser utilizada em dois sentidos: em primeiro lugar, como a humildade que deve acompanhar o nosso enorme – e novo – poder técnico; em segundo lugar, como a humildade relacionada com um novo estilo de vida mais austero e moderado, que deveremos adotar se realmente queremos preservar a vida humana sobre a Terra.

Pois bem, mesmo partilhando de um modo geral o que Jonas sustenta sobre a idéia de nova humildade, creio que a expressão e sua explicação têm o inconveniente de sugerir algo assim como a nova – que é a importante – substituir a antiga, com o que temo que o mais relevante ficaria impedido. A partir de meu ponto de vista, é a *antiga* humildade a que continua sendo de mais importância e mais alcance: a humildade que consiste – como foi dito – na consciência de nossa finitude. Jonas afirma, e com razão, que devemos ser humildes porque, mesmo dispondo de tão enorme poder, não devemos esquecer nossa condição finita.[101] Talvez a percepção de nossa finitude e pequenez seja a melhor maneira de reorientar a atual civilização tecnológica.

Olhar interior. A humildade não é como o pudor, a discrição ou a reserva..., atitudes que supõem um conjunto de autolimitações do eu diante do outro. A humildade está em um plano diferente daquele dessas outras virtudes ou disposições pessoais que têm uma evidente dimensão social. A humildade começa no interior e é uma exigência de autoconhecimento. Mas nesse olhar interno ela se enlaça também com os demais seres, produzindo-se assim uma espécie de círculo. O reconhecimento de minha finitude e a obrigação para com o outro ocorrem ao mesmo tempo. *A humildade leva ao respeito.*

A humildade – a posição de humildade – se origina no conhecimento de si mesmo e se traduz em promessa de maior conhecimento do mundo. Eis o enigmático e venturoso paradoxo: o homem humilde, porque vê a si mesmo como "pouca coisa", pode ver e apreciar melhor as demais. Alguns grandes poetas e pintores, foram grandes por sua humildade, virtude que lhes permitiu *ver* e apreciar o que em seguida acertaram em expressar. São Francisco só pôde conceber o *Cântico do Irmão Sol* por sua descalcez física e espiritual; se não, como se explica que visse dessa maneira as coisas do mundo?

> [...] Louvado sejas, meu Senhor, pelo irmão Vento,
> pelo ar e nublado e sereno, e todo o tempo,
> pelo qual às tuas criaturas dás sustento.
> Louvado sejas, meu Senhor, pela irmã Água,
> que é muito útil e humilde e preciosa e casta.
> [...]

Pois bem, a razão fundamental pela qual introduzi aqui a idéia de humildade e, especialmente, sua dimensão cognitiva, é justamente porque, considerando essa dimensão, humildade e respeito se identificam. Com a mediação da humildade reforçamos a tese geral: a relação entre o olhar atento e o respeito. E também nesse ponto achamos o precedente alentador de Scheler que, opondo-se a Nietzsche, não só exalta o valor da humildade como a incorpora ao *respectus*, à observação atenta.[102] Em vez da vontade de domínio e de apropriação, a humildade é generosidade consistente em "deixar ser" às formas mais variadas da realidade e do valor. A humildade permite ver de novo, com olhos sabiamente ingênuos, o esplendor e a exuberância do mundo. Mas, ao mesmo tempo e segundo Scheler, junto com o que vemos, começamos a detectar alguns vestígios que nos levam mais além, até o horizonte ou até o que está por trás, até o não visível. Nesse sentido, a humildade se identifica com o respeito; é uma forma de respeito, que nos permite ter consciência da profundidade e da plenitude do mundo, assim como do próprio ser, e nos revela que um e outro trazem em si uma inesgotável riqueza de valores. Para Scheler, o respeito vem a ser como a intuição do mistério das coisas, do sentido do horizonte que as engloba e as harmoniza com o invisível. E tem relação com a humildade, pois supõe uma percepção da insuficiência de nossas condições intelectuais em relação ao mundo e à nossa alma. Respeito e humildade são virtudes comparáveis: ao ato pelo qual o sujeito renuncia a seu domínio, corresponde um movimento de apogeu e expansão do mundo; ao consentimento da pobreza, corresponde uma afluência de riqueza.

A vida do respeito

Na obra teatral de Gabriel Marcel que se intitula *La nueva mirada*, uma jovem começa a chorar quando percebe que está falando de sua mãe de uma maneira muito distante. O vínculo com a mãe é tão essencial que o tratamento frio e até impessoal para com ela supõe uma espécie de ruptura e de violência. O pranto da jovem, expressão dessa ruptura, é conseqüência de haver notado, de haver percebido uma situação que, por suas conotações, é moralmente significativa. Se concordamos em falar de "percepção moral" para nos referirmos à consciência que alguém tem de uma situação com algum tipo de implicação moral, então o *olhar atento* coincidiria com o esforço que se fez para alcançar essa percepção.

Todos sabemos que podem existir olhares – percepções – muito diferentes de uma mesma situação. Há olhares frios, distantes, quase indiferentes, superficiais; outros que só constatam de um modo supostamente objetivo: somam, fazem cálculos, estatísticas... Em todos eles, o conhecimento da realidade concreta é bastante pobre ou quase inexistente. Outros tipos de olhar sofrem de privações posteriores; assim, por exemplo, parece-me que o olhar do altivo e arrogante, o de alguns deuses mitológicos alheios ao sofrimento dos mortais e o olhar passivo dos telespectadores praticamente imperturbáveis diante das imagens do mal revelam algo em comum: nenhum *sentimento* os acompanha.

Olhar atento e percepção moral não são parênteses extraordinários na vida das pessoas, nem são meras abstrações teóricas de uma teoria ética, e sim fazem parte da vida cotidiana e das trajetórias pessoais de cada um de nós. Acredito que as referências a obras literárias que farei nestes últimos parágrafos sirvam para mostrar tal incorporação na própria vida.

A percepção, junto com a deliberação e a ação, é a totalidade da vida moral, e posto que deliberação e ação dependem, em boa parte, da percepção que as precede, com mais razão é preciso dar importância ao que possa melhorá-la. Ora, como já foi dito, para conseguir um olhar atento não há nenhum *procedimento* formal e universalizável; há, isso sim, práticas, posicionamentos e traços do próprio caráter que ajudam nessa tarefa. Já comentamos alguns deles: admiração, diálogo, pergunta, atitude humilde...

A percepção moral, que pressupõe capacidade de perceber e reconhecer determinados atributos importantes de uma situação, é sempre uma resposta complexa de toda a personalidade, de que fazem parte elementos não estritamente intelectuais. Quando, diante da dor de uma pessoa próxima alguém reage constatando somente o fato e nada mais, sem ter nenhum tipo de sentimento nem de paixão, é porque, na realidade, não percebeu corretamente a situação: não *viu, reconheceu nem compreendeu*.

A percepção moral não procura cenários privilegiados nem momentos sublimes; não tem avidez de público, nem de ostentação; pode e costuma acontecer da maneira mais discreta e até passar despercebida dos demais. A velha Bettina – personagem secundária do romance de John Fante, *Un año pésimo* – é uma mulher que, quando jovem, se viu quase forçada a emigrar dos Abruzos italianos para a América e, apesar dos anos transcorridos, ainda se sente deslocada e com saudade de sua pobreza italiana. Mora na mesma casa que seu filho, pedreiro desempregado, casado e com três filhos. Aparentemente, a avó, carrancuda e intratável, apenas coabita com essa família pobre e desunida. Às vezes, em discussões familiares, arremata com lamentos: "Livra-me desta escravidão! Põe-me numa caixa e devolve-me a Torricella Peliga!"[103] No entanto, o leitor vai notando a capacidade da avó de perceber situações moralmente significativas, como uma em que, estando sua nora – com quem não se dá muito bem – abatida e desesperada, diz a seu neto Dominique: "Vá ver sua mãe". Então Dominique, seguindo a recomendação, encontra sua mãe "com a cabeça na almofada, olhando para o teto com olhos que parecem pássaros empapados. Sentei-me na cama, segurei sua mão fria e inerte e lhe perguntei se podia fazer algo por ela". Agora é Dominique quem, percebendo o estado de sua mãe, age conforme esta percepção: segurando-lhe a mão e oferecendo-lhe ajuda. Mas, na realidade, também a avó estava atuando através de Dominique, pois foi ela que, *vendo* perfeitamente a situação, mandou o neto ver sua mãe. Atrás de um comportamento esquivo se escondia na avó Bettina uma inequívoca capacidade de compreensão e de compaixão;

percebia o que os momentos difíceis requeriam. É óbvio que sua personalidade – seus sentimentos, seu caráter, etc. – não representavam nenhum obstáculo para a visão das coisas, mas sim, ao contrário, um valioso aliado dela mesma. Talvez a avó Bettina seja um bom exemplo do que dá de si uma ampla experiência de vida; muitas vezes é essa que permite captar o significado moral das situações concretas.

Mas a experiência não é senão mais um dos fatores que influem na percepção moral. A sensibilidade e a abertura às coisas não são exclusivas dos adultos. Dou outro exemplo, de *Pequeno príncipe*, a tão conhecida narrativa de Saint-Exupéry. O pequeno príncipe encarna a preocupação de revelar o segredo das coisas aparentemente simples e nisso se defronta com a atitude do piloto preocupado apenas em consertar seu avião. "Conheço um planeta – diz o pequeno príncipe – onde há um sujeito vermelho, quase roxo. Nunca cheirou uma flor. Nunca olhou uma estrela. Nunca amou ninguém. Nunca fez outra coisa senão somas. E o dia todo repete como tu: 'Eu sou um homem sério! Eu sou um homem sério!' e isso o faz inchar-se de orgulho. Mas ele não é um homem; é um cogumelo!"[104] Já tratamos disso: o orgulho impede de ver e sentir. Agora é preciso acrescentar a esse impedimento os de uma ocupação e uma preocupação bastante unilaterais: apenas somar e fazer as coisas funcionarem. A princípio, o pequeno príncipe, com suas perguntas "ingênuas", não consegue distrair o piloto de sua tarefa mecânica de consertar o motor do avião: perguntas sobre temas insignificantes para a pessoa adulta e séria, tais como que relações há entre o carneiro e a flor, entre os baobás e o asteróide, ou qual a razão de ser dos espinhos das rosas... Mas, finalmente, percebendo a indignação do pequeno príncipe, o piloto *presta atenção*: "Larguei as ferramentas. Ria-me do martelo, do parafuso, da sede e da morte. Havia numa estrela, num planeta, o meu, a Terra, um principezinho a consolar! Tomei-o nos braços. Embalei-o." É nesse instante que o piloto percebeu corretamente a situação e responde a suas exigências. E não só isso. A partir desse momento, o olhar deslocado do piloto aprende do olhar do pequeno príncipe e começa a perceber outra dimensão da realidade para a qual estivera cego até então. O pequeno príncipe não possui binóculos que ampliem o horizonte de sua visão, tampouco conta com um saber especialista, mas antes é alguém muito sensível, alguém que vê não apenas com os olhos. ("Só se vê bem com o coração. O essencial é invisível para os olhos".) Chega-se à percepção das características importantes graças à força de paixões como o amor.

A situação é paradoxal e, por isso mesmo, complexa. As emoções e os sentimentos são parte do caráter virtuoso e nos informam e ajudam a discernir a ação correta, mas também podem desempenhar a função oposta: uma paixão idônea pode se transformar facilmente em um poder que nos avassala e obnubila, eclipsando nossa percepção e toda deliberação. Por acaso não se fala de "amor cego" ou das "paixões que cegam"? Não é fácil responder às perguntas sobre o que ajuda e o que não ajuda à *clarificação*. Naturalmente, a inteligência e o juízo são fundamentais, mas a sensibilidade e as paixões também o são. Nem toda clarificação é intelectual. Às vezes as paixões e os sentimentos deformam a capacidade de julgamento e levam ao erro, mas outras vezes podem nos conduzir a um plano mais profundo e verdadeiro de nós mesmos, assim como a perceber as circunstâncias de maneira muito mais profunda e rica.

No entanto, um ponto a que já havíamos chegado por outro caminho é que na percepção moral intervêm tanto a capacidade intelectual como a afetividade. De fato, havíamos sustentado que no respeito existe uma dimensão afetiva e outra cognitiva, pois é clareza intelectual e sentimento, e que ambas as dimensões dificilmente são separáveis, constituindo uma espécie de circularidade: há algo assim como uma atitude respeitosa que permite ver as coisas de uma determinada maneira, mas também acontece que o respeito surja de olhar atentamente. A atenção *leva ao*, mas também é uma *forma de*, respeito.

Vem muito ao caso explicar aqui o significado de um ideograma chinês que em nosso idioma costuma ser traduzido exatamente como "virtude". Esse ideograma contém os símbolos de caminhar, do número dez junto a um olho, e de um coração. Como interpretar a inter-relação entre esses elementos? Se nos situássemos em uma cultura da aparência social e da vergonha, poderíamos dizer que a ação virtuosa é a que se faz pensando em que há muita gente – dez olhos – que está observando. Em outras palavras, em um contexto assim, o decisivo é agir pensando no que queremos que os outros vejam. Pois bem, o mesmo ideograma também pode ser interpretado de outro modo, situando-nos fora de uma cultura das aparências. A virtude consistirá, então, em agir – caminhar – olhando muito bem o que se faz – como se tivéssemos dez olhos – e fazendo-o de coração – honestamente. Portanto, também na cultura chinesa, tão distante da nossa, a atitude ética se apresenta como a união da lucidez (olho) com o sentimento (coração).

Os dez olhos correspondem à idéia do olhar atento, que temos defendido nestas páginas como sendo a essência do respeito. Respeitamos algo lhe prestando atenção e o levando a sério, o que contrasta com ignorar, negligenciar ou menosprezar. De certo modo a atenção, atividade perceptiva, já responde a certa pré-percepção ou percepção inicial, pois ao menos em parte é um tipo de resposta a um objeto: *re-espeitamos* as coisas que valem a pena olhar de novo, que merecem nossa atenção.

Nem toda atenção coincide com respeito? Talvez não, mas, contudo, é preciso distinguir bem as coisas para não se confundir: "cravar o olhar", "lançar um olhar", ou "devorar com o olhar"... não são maneiras de prestar atenção. O olhar pode ser demasiado direto, ofensivo, possessivo... Daí a necessidade da moderação, da graduação, do comedimento... O olhar atento implica cuidado e graduação da força. Ainda que não pareça nada estranho falar de "olhar benevolente" ou de "olhar acusador", é verdade que pode parecer um tanto estranha a expressão "olhar ético" e, não obstante, como já disse no primeiro capítulo, creio que seria um sinônimo perfeito de "olhar atento".

Evidentemente, há muitos modos de *expressar* respeito às coisas: mostrando consideração por elas ou levando-as em conta; mantendo certa distância e dando-lhes espaço; apreciando-as, honrando-as, ou também obedecendo a elas. Reparemos que *observar* significa, precisamente, tanto olhar uma coisa com atenção como cumprir a lei ou a regra. O olhar atento pode coincidir com observar, quer dizer, com cumprir o que a situação demanda ou exige. Daí também a ligação entre respeito e responsabilidade – entendida esta no sentido literal. O respeito está na base da responsabilidade, ou seja, o olhar atento pode observar – valha a redundância – aquilo da realidade que pede *resposta*. O que, explicado em outro nível, significa que o respeito ou o olhar atento está também na base de uma possível ética da responsabilidade.

Falamos da conveniência da ética do respeito para nossa "era da técnica". A reflexão sobre a cosmicidade nos permitiu avaliar que o respeito e a construção ou intervenção técnica não são incompatíveis. O que acontece é que – como já foi dito – a essência técnica de nosso contexto temporal promove uma maneira específica de ver o mundo, perfeitamente legítima mas reducionista quando se desloca fora dos limites que lhe seriam próprios. A isso é preciso acrescentar um ou outro fator socialmente relevante, como podem ser a "virtualização"* do mundo, que também exerce uma função limitadora do olhar, ou um modo de viver em sintonia com a aceleração tecnológica, que supõe uma limitação posterior, pois, sem dúvida, para ver bem não é preciso correr. Por isso o sossego, que é um estado de ânimo oposto à pressa, é um aliado da percepção. Estar sossegado não significa necessariamente estar quieto, ainda que implique certa falta de movimento, pois, etimologicamente, "sossego" significa "estar sentado". O sossego contrasta com a agitação, com os vaivéns ininterruptos, e com tudo o que tão freqüentemente nos faz queixar-nos de "falta de tempo"... Dever-se-ia ter – mesmo que cada vez seja mais difícil – uma visão sossegada da vida, como a que assim expressava Unamuno:

> [...] e o tranqüilo curso de tua vida
> é como o crescimento das azinheiras, lento,
> lento e seguro.

Certamente, não há nada em comum entre olhar uma paisagem pela janela do carro circulando a toda velocidade pela rodovia

---

* O autor usa o termo "pantallización". Não existe equivalente do termo em português para explicar precisamente esse ver o mundo, os acontecimentos reais e virtuais, através de uma tela, bem como os fenômenos perceptivos que daí decorrem. (N.T.).

e passear a pé por um dos caminhos dessa paisagem. Notemos que a pressa é, ao mesmo tempo, dificuldade para perceber e dificuldade para ter cuidado. Como vai ter cuidado quem vive a toda a pressa? Refletindo sobre esses temas, Adorno escrevia já há muito tempo:

> Deste modo, por exemplo, chega a esquecer o modo como fechar uma porta de forma suave, cuidadosa e completa. A dos automóveis e frigoríficos há que fechá-las de súbito; outras têm a tendência de fecharem-se sozinhas, habituando, assim, aos que entram, à indelicadeza de *não olhar atrás de si, de não prestar atenção* ao interior da casa que os recebe.[105]

A aceleração e o automatismo excluem a pausa e o cuidado dos gestos e nos habituam a *não olhar*... Nesse sentido, a ética do respeito pode desempenhar o papel de correção e de compreensão; compensação das estreitezas e particularidades específicas de que estamos todos cercados, como estão os olhos dos cavalos pelos antolhos. Aqui, a ética do respeito é fonte de liberdade, se por liberdade entendemos, sobretudo, ser mais conscientes da situação em que nos achamos. Sempre é mais livre quem vê mais do que quem vê menos, o sábio, mais que o ignorante. (Mesmo que essa liberdade possa também ter seu preço: ignorantes e egoístas – evidentemente, por diferentes razões – não costumam ter má consciência.)

A ética do respeito nos interpelaria sobre um único compromisso: olhar com atenção o mundo que nos rodeia. Assim, não é só que o ver bem deva preceder a toda decisão, e sim que já é, em si mesmo, uma decisão.

"Viver para ver!" é uma expressão coloquial com que se denota certo incômodo diante das surpresas ou das novidades, manifestando, em geral, uma opinião um tanto pessimista e negativa sobre elas. Mas poderia muito bem ser utilizada para significar algo muito diferente: "Viver para ver!", ou, até melhor: viver vendo, viver percebendo as coisas da vida, viver prestando atenção ao que nos rodeia, aos outros e a nós mesmos. Vida do respeito e respeito da vida.

Notas

[1] GRACIÁN, B. *Oráculo manual y arte de la prudencia*, [par.230], Madrid: Cátedra, 2003, p. 228.

[2] EPICTETO, *Dissertaciones*, [Libro IV, XII], Madrid: Gredos, 1993.

[3] Como é sabido, Sócrates pensava que a virtude, a areté, fundava-se no conhecimento, no conhecimento de si mesmo e no conhecimento da verdade das coisas. Nada é nocivo conscientemente, só o é por ignorância.

[4] PLATÓN, Protágoras, [320-322d], em *Diálogos*, vol.I, Madrid: Gredos, 1981.

[5] A mesma denúncia que faz Kolakowski em seu ensaio *Libertad, fortuna, mentira y traición*, Barcelona: Paidós, 2001, p. 95.

[6] MOUNIER, E. "El pequeño miedo del siglo XX". In: *Obras*, vol. III, Salamanca: Sígueme, 1990, p. 376-377.

[7] JONAS, H. *El principio de responsabilidad*. Barcelona: Herder, 1995.

[8] WINNER, L. *La ballena y el redactor*. Barcelona: Gedisa, 1987, p. 121.

[9] ESQUILO, Prometeo ancadenado, em *Tragedias*, Madrid: Gredos, 2002.

[10] HOTTOIS, G. *El paradigma bioético*. Una ética para la tecnociencia. Barcelona: Anthropos, 1991, p.54.

[11] ELLUL, J. *Le système technicien*. Paris: Calmann-Lévy, 1977, p. 7.

[12] Cf. MUMFORD, L. *Técnica y civilización*. Madrid: Alianza, 1997. GILLE, B. *Histoire des techniques*. Paris: Gallimard, 1978. Desta última, há uma tradução parcial em espanhol: GILLE, B. *Introducción a la historia de las técnicas*. Barcelona: Crítica, 1999.

[13] Como se pode ver, optei, em geral, por utilizar a palavra "técnica", apesar de que, ultimamente, se propagou muito o uso de "tecnologia". De fato, são utilizadas muitas vezes com o mesmo significado. Evidentemente, são muitas mais as combinações que poderíamos fazer. Remeto o leitor à introdução do livro de Jean-Pierre Séris (*Le technique*. Paris: PUF, 1994) e também ao parágrafo sobre esse ponto que Agazzi oferece em seu livro (*El bien, el mal y la ciência*. Madrid: Tecnos, 1996).

[14] Cf., entre outras, HOTTOIS, G. *Le signe et la technique*. Paris: Aubier, 1984; *El paradgma bioético. Una ética para la tecnociencia, op. cit.*; *Essais de philosophie bioéthique et biopolitique*. Paris: Vrin, 1999.

[15] Entre a numerosa bibliografia que aqui se pode citar, destaco as conhecidas obras de J. Habermas: *Ciência y técnica como ideología* y *Teoria y praxis*, onde expõe sua tese do predomínio da racionalidade instrumental.

[16] Cf. HUSSERL, E. *La crisis de las ciencias europeas y la fenomenología transcendental*. Barcelona: Crítica, 1991.

[17] SERIS, J.-P. *La technique, op. cit.*

[18] Parece-me que aqui há uma grave questão, e é a seguinte: os genes, as células, os tecidos, os órgãos... submetidos à engenharia genética, podem ser considerados realmente como invenções ou, melhor dizendo, são descobertas do patrimônio natural sobre o qual nós os homens temos, eventualmente, conseguido intervir? Se o genoma humano é a herança comum da aventura do homem sobre a Terra, como é que se permite a um particular patentear uma parte?

[19] DESCARTES, R. *Discurso del método*. Madrid: Espasa-Calpe, 1981, p. 85.

[20] WEBER, M. *El político y el científico*. Madrid: Alianza, 1991, p. 199-200.

[21] HEIDEGGER, M. "La pregunta por la técnica". In: *Conferencias y artículos*. Barcelona: Serbal, 1994, p.18-19.

[22] KANT, I. *Crítica del juicio*. Madrid: Austral, 1997, [par.26], p. 193.

[23] LÉVINAS, E. *De otro modoque ser, o más allá de la esencia*. Salamanca: Sígueme, 1987, p. 142. E, nesta outra passagem, resume-se bastante bem a posição do autor: "No acercamento eu sou, de repente, servidor do próximo, sempre já demasiado tarde e culpado por este atraso" (LÉVINAS, *op. cit.*, p. 148).

[24] Cf. GIRARD, R. *La violencia y lo sagrado*. Barcelona: Anagrama, 1995, p. 279.

[25] ESCOTO ERIÚGENA, J. *División de la naturaleza*. Barcelona: Orbis, 1948, [480 cd], p. 98.

[26] MERLEAU-PONTY, M. *El ojo y el espíritu*. Buenos Aires: Paidós, 1977, p. 61. Cf. também *Fenomenología de la percepción*. Barcelona: Península, 1975; *Lo visible y lo invisible*. Barcelona: Seix Barral, 1970.

[27] ELLUL, J. *La parole humiliée*. Paris: Seuil, 1981, p. 15.

[28] MERLEAU-PONTY, M. *Lo visible y lo invisible*. op. cit., p. 20.
[29] MERLEAU-PONTY, M. *El ojo y el espíritu*. op. cit., p. 23
[30] WITTGENSTEIN, L. *Investigaciones filosóficas*. Madrid: Alianza, 2004, p. 485.
[31] WITTGENSTEIN, L. *Aforismos*. Madrid: Austral, 1995, p. 121, n. 369.
[32] LACAN, J. *Los cuatro conceptos fundamentales del psicoanálisis*. Barcelona: Paidós, 1995, vol. 11, p. 102-103.
[33] CHARBONNIER, G. *Le monologue du peintre*. Paris: Julliard, 1959, p. 143.
[34] HUSSERL, E. *Ideas*. Madrid: FCE, 1985, p. 224.
[35] HUSSERL, E. *Investigaciones logicas I*. Madrid: Alianza, 1985, p. 338.
[36] MERLEAU-PONTY, M. *Fenomenología de la percepción*. op. cit, p. 49.
[37] JAMES, W. *Principios de psicología*. México: FCE, 1989, p. 321.
[38] HEIDEGGER, M. *Ser y tiempo*. Madrid: Trotta, 2003, [par.22], p. 129. NT: Tradução da citação extraída de HEIDEGGER, M. *Ser e tempo*. Petrópolis: Vozes, 2005, [par.22], p. 152.
[39] WEIL, S. *A la espera de Dios*. Madrid: Trotta, 1996, p. 69.
[40] LEWIS, C. S. *La experiencia de leer*. Barcelona: Alba, 2000, p. 25.
[41] WEIL, S. *A la espera de Dios*. op. cit., p. 68.
[42] ROUSSEAU, J.-J. *El contrato social. Sobre las ciencias y las artes. Sobre el origen y los fundamentos entre los hombres*. Madrid: Alianza, 1980.
[43] AREDNT, H. *Los orígenes del totalitarismo*. Madrid: Taurus, 1974, p. 578.
[44] A ideologia, entendida literalmente como a lógica de uma idéia está, segundo Arendt, por trás do totalitarismo. O que Arendt afirmará a respeito do totalitarismo político é equivalente ao que, no plano filosófico, afirmará Lévinas com relação à tradição filosófica do Ocidente: "A filosofia se identifica com a substituição das pessoas pelas idéias, do interlocutor pelo tema, da exterioridade da interpelação pela interioridade da relação lógica" (LÉVINAS, E. *Totalidad e infinito*. Salamanca: Sígueme, 1977, p. 110).
[45] Tal como dizia Descartes: "A admiração é uma surpresa repentina da alma, que a leva a considerar com atenção os objetos que lhe parecem raros ou extraordinários", Les passions de l'âme, [art.70] (*Oeuvres philosophiques*. Paris: Garnier, 1973, vol. III). Em geral, Descartes utiliza admiração no sentido de "surpresa" ou "estranheza", o que era comum no francês do século XVII. No francês atual se utilizaria *étonnement*.

⁴⁶ PLATÃO, Teeteto, [155 d.], em *Diálogos*, *IV*. Madrid: Gredos, 1992.
⁴⁷ ARISTÓTELES, *Metafísica*, [982b]. Madrid: Gredos, 1982.
⁴⁸ ARTETA, A. *La virtud en la mirada*. Valencia: Pre-textos, 2002, p. 61.
⁴⁹ DESCARTES, R. *Les passions de l'âme*. [art. 76] (Oeuvres philosophiques, Vol. III, *op. cit.*).
⁵⁰ NIETZSCHE, F. *Más allá del bien y del mal*. Madrid: Alianza: 1992, [IV, par. 118], p. 101.
⁵¹ Cf. TUGENDHAT, E. *Egocentricidad y mística*. Barcelona: Gedisa, 2004, p. 167 e ss.
⁵² DESCARTES, R. *Les principes de philosophie*, [art. 147-157] (Oeuvres philosophiques, vol. III, op. cit.).
⁵³ Certamente, como conseqüência desse exemplo, quero manifestar minha discordância de Jacques Ellus, quando afirma que "somente a palavra transtorna e perturba os olhos e que a imagem do real é "sem mistério, já que o real é sem mistério" (Cf. ELLUL, J. *La parole humiliée*, *op. cit.*). O olhar sobre o real pode perceber o inquietante do mistério do mundo. Outra coisa é que, ao dizer isto, se entenda o real de maneira rica, incluindo o que se percebe pela visão, mas não só. Quero dizer que, quando se olha corretamente, também se escuta.
⁵⁴ GADAMER, H. G. *Verdad y método*. Salamanca: Sígueme, 1993, p. 440.
⁵⁵ KANT, I. *Crítica de la razón práctica*. [A 289], Madrid: Alianza, 2005.
⁵⁶ PLATÃO. *Apología de Sócrates*. [38ª]. en Diálogos, vol. I, *op. cit.*
⁵⁷ Cf. DURAND, G. *Las estructuras antropológicas de lo imaginario*. Madrid: Taurus, 1981, p. 144.
⁵⁸ MURDOCH, I. *La soberanía del bien*. Madrid: Caparrós, 2001, p. 45.
⁵⁹ WITTGENSTEIN, L. *Werkausgabe, Fráncfort*: Suhrkamp, 1985 (vol. 8, Zettel, n. 314).
⁶⁰ MURDOCH, I. *La soberanía del bien, op. cit.*, p. 47.
⁶¹ LÉVINAS, E. *Ética e infinito*, Madrid: Visor, 1991, p. 92.
⁶² JULLIEN, F. *Fundar la moral*. Diálogo de Mencio con un filósofo de la Ilustración. Madrid: Taurus, 1997. "[...] a concepção chinesa não é individualista (concebendo o mundo a partir de um eu), nem nega a individualidade (porque toda atualização se faz através de individuações); sua perspectiva é transindividual (a existência tomada como um conjunto que não deixa de interagir e de 'comunicar' no

interior dela mesma). A piedade não é, então, mais que a manifestação privilegiada deste caráter transindividual e transemocional, próprio da existência." (p. 34-35).

[63] KANT, I. *Crítica de la razón práctica*. [A, 130]. *op. cit.*

[64] KANT, I. *Crítica de la razón práctica*. [A, 134]. *op. cit.*

[65] KANT, I. *La metafísica de las costumbres*, Madrid: Tecnos, 1989, p. 255.

[66] KANT, I. *Crítica de la razón práctica*. [A, 136]. *op. cit.*

[67] KANT, I. *Crítica de la razón práctica*. [A, 136-137]. *op. cit.*

[68] KANT, I. *Crítica de la razón práctica*. [A, 137]. *op. cit.*

[69] KANT, I. *Crítica del juicio*. [par. 25], *op. cit.*, p. 187 e seguintes. Para esse assunto convém também consultar um texto anterior à Critica del juicio, intitulado, justamente, Observaciones sobre el sentimiento de lo bello y lo sublime, que, com um estilo menos sistemático, contém passagens como esta: "A noite é sublime, o dia é belo. Na tranqüilidade da noite de verão, quando a luz tremulante das estrelas atravessa as sombras pardas e a lua solitária se encontra no horizonte, as naturezas que possuem um sentimento do sublime serão pouco a pouco compelidas a sensações de amizade, de desprezo do mundo e de eternidade. O brilhante dia infunde uma diligência ativa e um sentimento de alegria. O sublime comove, o belo encanta". (KANT, I. *Lo bello y lo sublime*. Madrid: Espasa-Calpe, 1979, p.13-14).

[70] KANT, I. *Crítica del juicio*. [par. 26]. *op. cit.*, p. 198.

[71] KANT, I. *Crítica del juicio*. [par. 27]. *op. cit.*, p. 199.

[72] KANT, I. *Crítica del juicio*. [par. 28]. *op. cit.*, p. 208.

[73] Passagem citada e comentada muito sugestivamente em: BILLETER, J. F., *Cuatro lecturas sobre Zhuangzi*. Madrid: Siruela, 2003, p. 34-35.

[74] JANKELEVITCH, V. *Traité des vertus*, vol. II. Paris: Bordas, 1970, p. 783.

[75] SCHELER, M. *Esencias y formas de la simpatía*. Buenos Aires: Losada, 1943.

[76] Cf. GILLIGAN, C. *La moral y la teoría. Psicología del desarollo feminino*. México: FCE, 1985. NODDINGS, N. *Caring*: a feminine approach to ethics and moral education. Berkeley: University of California Press, 1984.

[77] SCHELER, M. *Esencias y formas de la simpatía. op. cit.*, p. 52.

[78] SCHELER, M. *Esencias y formas de la simpatía. op. cit.*, p. 143.

[79] Considero que o respeito às coisas e aos animais não é um respeito que se derive do respeito devido ao ser humano. Por outro lado,

segundo Kant: "Nenhum ser humano deve destruir a beleza da natureza, pois mesmo quando ele possa não mais precisar dela, outras pessoas ainda podem fazer uso da mesma; assim, embora não seja preciso observar dever algum para com as coisas consideradas em si mesmas, é preciso levar em consideração os demais homens" (KANT, *Lecciones de ética*. Barcelona: Crítica, 2001, p. 290).

[80] ZWEIG, S. *El mundo de ayer. Memorias de un europeo*. Barcelona: Circulo de Lectores, 2002, p. 383-386.

[81] Lovelock argumentou que a biosfera é uma entidade reguladora dotada de capacidade para preservar a saúde do nosso planeta controlando o entorno físico-químico. É como se a biosfera fosse um organismo vivo, e não somente o conjunto dos seres vivos em seu espaço natural. Pois bem, qualquer organismo vivo é um todo, uma unidade complexa, um equilíbrio. Cf. LOVELOCK, J. E. *Gaia: una nueva visión de la vida sobre la tierra*. Barcelona: Orbis, 1986; também *Las edades de Gaia*. Barcelona: Tusquets, 1993.

[82] NIETZSCHE, F. *Fragmentos póstumos, 1885-1886*, 11 [74]. In: *Sabiduria para pasado mañana*. Madrid: Tecnos, 2002, p. 201.

[83] Cf., especialmente, BECK, U. *La sociedad del riesgo*. Barcelona: Paidós, 1998.

[84] BACHELARD, G. *La poética de la ensoñación*. México: FCE, 1982, p. 260.

[85] Cf. HESÍODO, Teogonía [116]. In: *Obras y fragmentos*, Madrid: Gredos, 1978. Platón, El banquete, [178b]. In: *Dialogos*, III. Madrid: Gredos, 1986.

[86] Diga-se de passagem: parece-me inacreditável que, atualmente, em discursos filosóficos e no âmbito das ciências humanas e sociais em geral, se fale tão a favor da "teoria do caos". Se, minimamente, se mantivesse o sentido original desta palavra, nada semelhante a tal teoria seria possível. O que aconteceu é que inicialmente – e, em minha opinião, com pouco acerto – se utilizou essa expressão "teoria do caos" para nomear uma teoria matemática na qual "caos" se fazia sinônimo de "sensibilidade às condições iniciais" e, em seguida, vieram as "imposturas intelectuais" (Cf. SOKAL; BRICMONT. *Imposturas intelectuales*. Barcelona: Paidós, 2002) de muitos autores ávidos por utilizar expressões procedentes da matemática, da física, e de outras ciências para construir ensaios nos quais se dá primazia à retórica esteticista, e não à busca honesta de orientação, de esclarecimento e de verdade. Por outro lado, a teoria do caos se confunde

muitas vezes com as teorias ainda emergentes da complexidade e da auto-organização. Com respeito a estas, naturalmente, nada tenho a objetar. É perfeitamente lícito que se usem termos como "complexidade" ou "azar" e se elaborem teorias com esses títulos, mas talvez se trate de termos que não satisfaçam tanto os esforços de determinados filósofos e ensaístas para figurarem em certas vanguardas.

[87] HESÍODO, *Los trabajos y los días*, [615, 609-610]. In: *Obras y fragmentos, op. cit.*

[88] LEVI-STRAUSS, C. *Tristes trópicos*. Barcelona: Círculo de Lectores, 1999.

[89] ZHUANG Zi. *Maestro Chuang Tsé.* [IV]. Barcelona: Kairós, 2001, p. 66.

[90] PASCAL, B. *Pensamientos*, [1, 84]. Barcelona: Planeta, 1986.

[91] ADORNO, T. *Minima moralia*. Madrid: Taurus, 1987, p. 56.

[92] Cf. HADOT, P. *La philosophie comme manière de vivre*. Paris: Albin Michel, 2001, p. 27 e ss.

[93] HEIDEGGER, M. *Camino del campo*. Barcelona: Herder, 2003, p. 31.

[94] Para a diferença entre objeto e presença, cf. MARCEL, G. El mistério del ser. In: *Obras selectas I*. Madrid: BAC, 2002, p. 187 e seguintes.

[95] LUCAS [6, 20-21].

[96] NIETZSCHE, F. *Crepúsculo de los ídolo*s. [máximas, af. 31]. Madrid: Alianza, 1992, p. 34.

[97] Cf. DESCARTES, Les passions de l'âme. [art.76]. In: *Oeuvres philosophiques*, vol. III, *op. cit*. O sublinhado é meu. Segundo Descartes, ao contrário da humildade virtuosa, a humildade viciosa consiste em atuar como se não tivéssemos o uso completo do livre arbítrio. Como o que me interessa é a dimensão cognitiva da humildade, também me parece importante levar em conta a identificação que às vezes se tem feito da humildade com umaespécie de luz ou clarividência, como, por exemplo, a que se encontra em Angèle de Foligno (v. 1248-1309), segundo a qual: "[A humildade do coração] é uma luz maravilhosa e resplandecente que abre os olhos da alma sobre o nada do homem e sobre a imensidade de Deus"; e também: "Quando busco a fonte do silêncio, não a encontro senãono duplo abismo, onde a imensidade divina está frente a frente com o nada do homem. E a luz do duplo abismo, esta luz, é a humildade". (ANGELE DE FOLIGNO, *Livre des visions et instructions*. [cap. 73]. Paris: Tralin, 1910).

⁹⁸ Com relação ao tema da humildade intelectual, cf. ROBERTS, R. C; WOOD, W. J. Humility and Epistemic Goods. In: DE PAUL, M.; ZAGZEBSKI, I. *Intellectual virtue*. Oxford: Claredon Press, 2003.

⁹⁹ JONAS, H. *El principio de responsabilidad*. op. cit., p. 56.

¹⁰⁰ JONAS, H. *Técnica, medicina y ética*. Barcelona: Paidós, 1997, p. 49.

¹⁰¹ Não ignoro que esta idéia, esteio básico da minha exposição – e também da de Jonas, apesar das diferenças que acabo de apontar –, pode ser posta em dúvida. Já existe certa tendência discursiva que se situa próxima da tecnologia, como aliado, aí sim, consciente e reflexivo do poder transformador da mesma. Perguntas como as seguintes já insinuam o marco em que se move este outro tipo de discurso: é o homem o futuro do homem? O que o homem fará do homem? A pertinência dessas perguntas se baseia no potencial operatório e transformador da tecnociência, o qual permite vislumbrar, ao menos como possibilidade, um futuro trans-humano, possibilidade que, além disso, destaca a insuficiência e a caducidade de uns parâmetros éticos centrados exclusivamente na finitude humana. Gilbert Hottois – um dos autores mais autorizados nesta linha – sugeriu que ampliemos nosso horizonte temporal para tornar mais plausíveis e pedagógicas tais especulações: "Que será do homem dentro de alguns milhões de anos? Na escala cósmica do tempo, a idéia de uma conservação do humano nos parece algo muito inverossímil". Eis, nessa precisão, quase tudo. E acrescente-se que o desaparecimento do humano não haveria de ser necessariamente uma catástrofe, nem sequer nada que lamentar. "Rechaçaria o termo humanista – continua Hottois – se se visse nele uma valoração absoluta de uma noção do homem definida de uma vez por todas, em oposição ao que não é humano". (Cf. HOTTOIS, G. *Essais de philosophie bioéthique et biopolitique*. Paris: Vrin, 1999).

¹⁰² Cf. SCHELER, M. Vom Umsturz der Werte. In: *Gesammelte Werke*, vol. III. Berna/Munich: Francke Verlag, 1955, p.17 e seguintes. Além de Scheler, outros dois autores destacam a mesma idéia. Jankélévitch disse: "[...] o respeito-sentimento é uma conseqüência local da humildade-virtude" (JANKÉLÉVITCH, V. *Les vertus et l'amour*, vol. I. Paris: Flammarion, 1986, p. 286). E Murdoch: "A humildade não é um hábito peculiar de automação, algo assim como ter uma voz inaudível, é o respeito desinteressado pelarealidade e uma das mais difíceis e centrais de todas as virtudes" (MURDOCH, I. *La soberanía del bien*. op. cit., p. 97-98).

[103] FANTE, J. *Un año pésimo*. Barcelona: Anagrama, 2005, p.19.
[104] SAINT-EXUPÉRY, A. *El principito*. Madrid: Alianza, 2003.
[105] ADORNO, T. *Minima moralia*, [n.19], *op. cit.*, p. 37 (o grifo é meu).

Qualquer livro do nosso catálogo não encontrado nas livrarias pode ser pedido por carta, fax, telefone ou pela Internet.

Rua Aimorés, 981, 8º andar – Funcionários
Belo Horizonte-MG – CEP 30140-071

Tel: (31) 3222 6819
Fax: (31) 3224 6087
Televendas (gratuito): 0800 2831322

vendas@autenticaeditora.com.br
www.autenticaeditora.com.br

Este livro foi composto com as tipografias Bembo e Din Mittelschrift Std, e impresso em papel Pólen Bold 80 g. na Formato Artes Gráficas.